全新解读版

# 语言的突破

[美] 戴尔·卡耐基 著　郑露秋　叶一青　译

中国言实出版社

**图书在版编目（CIP）数据**

语言的突破：全新解读版 /（美）戴尔·卡耐基著；
郑露秋，叶一青译 . -- 北京：中国言实出版社，2023.7
　ISBN 978-7-5171-4536-3

　Ⅰ . ①语… Ⅱ . ①戴… ②郑… ③叶… Ⅲ . ①演讲学
—通俗读物 Ⅳ . ① H019-49

中国国家版本馆 CIP 数据核字 (2023) 第 137185 号

## 语言的突破

责任编辑：薛　磊
责任校对：李　岩

出版发行：中国言实出版社
　　　　　地　址：北京市朝阳区北苑路 180 号加利大厦 5 号楼 105 室
　　　　　邮　编：100101
　　　　　编辑部：北京市海淀区花园路 6 号院 B 座 6 层
　　　　　邮　编：100088
　　　　　电　话：64924853（总编室）　　64924716（发行部）
　　　　　网　址：www.zgyscbs.cn E-mail：zgyscbs@263.net

经　　销：新华书店
印　　刷：河北万卷印刷有限公司
版　　次：2023 年 11 月第 1 版　2023 年 11 月第 1 次印刷
规　　格：880 毫米 × 1230 毫米 1/32　8 印张
字　　数：200 千字

定　　价：48.00 元
书　　号：ISBN 978-7-5171-4536-3

# 译者序

《语言的突破》是戴尔·卡耐基（Dale Carnegie）最早期的作品，原型是1926年卡耐基根据他的授课经历和学员的心得体会而撰写的一本用于语言课程教学的内部教科材料，后经过多年修订，于1931年以《语言的突破》为名正式出版发行。此书一经发行，就创造了人类出版史上的销量奇迹，被译成几十种文字，风靡全世界。从最初发行至今，此书作为"卡耐基公开演讲与人际关系课程"的主要教科书被广泛应用，与《人性的优点》《人性的弱点》一起成为卡耐基最畅销的三大著作。

生于1888年的卡耐基处于时代巨变的过渡期，人类文明随现代化进程的推进而高速发展。在车水马龙的都市生活中，任何一个人只要每周能支付25～50美元的酬劳，就可以雇用到掌握专业技能的人才，然而唯独缺少一种教人们有效说话、沟通、与人相处的人才。为了弥补这一欠缺，卡耐基开设了相关的成人课程，并写下这本语言教科书。

本书同过去所有关于语言或演讲的著作不同，融合了公开演讲的方法、推销的方法、心理学和商业谈判的技巧等，重在指导人们如何克服恐惧、如何建立自信，以使人们能顺乎自然地发挥出那些因种种因素而被自己埋没的才能。的确，大多数人都有这样一种经历：脑子里的灵光乍现，一些内心深处想说出口的话到了嘴边，却因缺乏勇气和自信而说不出口，或词不达意，结果要么是错失良机，要么是被人耻笑。长此以往，再有才能的人也会变得三缄其口，不肯与人沟通了。

卡耐基指出，任何一个人，只要他有充分的自信，心中又有一种热切的意愿，那么他一定就能在大众面前做一场生动的演讲。这里，卡耐基强调了两个重点，一是充分的自信，二是热切的意愿。培养自信的方法就是去做最害怕的事，直到获得一次成功的经验，这次成功对重塑自信至关重要。热切的意愿关乎的是人们的自我价值和人生目标。卡耐基指出，他所经历的每个学员最初都怀着原有的期望而来，然后带着不同的解决之道而去。有的人想要获得更多的安全感，有的人想要获得勇气，有的人想要找到新的工作，有的人想要更好地领导他人，有的人想要获得更多成功，有的人只想当众开口讲话，哪怕只有一次。尽管需求不同，但大家都因卡耐基的成人课堂以及这本书变得更加快乐、积极，对自己更加满意，不但找到了解决原本问题的途径，而且收获了意想不到的收益，这正是本书的魅力所在。正如约翰·洛克菲勒（John Rockefeller）所说的那样，如果与人相处的能力能像糖和咖啡一样可以买到，他一定愿意为此买单。

在翻译这本书的过程中，郑露秋承担了 15 万字的翻译工作，叶一青承担了 5 万字的翻译工作。我们力求忠实于原文，尽量把卡耐基的思想精髓准确传达出来。当然，本书翻译难免存在不足之处，请广大读者加以指正。

最后，请各位读者一定要记住，《语言的突破》是一本帮助你突破人际交往的障碍、获得成功的书。希望它能对你有所帮助。

译者：郑露秋 叶一青

2023 年 6 月

# 自 序

从 1912 年起，我针对纽约商界人士开设了一些课程，最初只开设了演讲类课程。这是因为演讲类课程最能积累实践经验，并能通过实践经验训练他们在商业谈判中准确、高效地表达自己观点的能力。

几年前，在"卡耐基基金会"所赞助的一次调查研究中，我们有一项重大发现，此次发现日后又被"卡耐基技术研究院"的研究所证实。发现表明，一个人在事业上的成功，15% 取决于他的智商，85% 取决于他的表达能力，即他在处理人际关系时的能力，包括说话的艺术、说服他人的能力。

在日常生活中，每个人都不可避免地要与他人进行交往。从这个层面上来说，一个人的生活历程就是他进行交际活动的整个过程。而真正善于交际的专门人才十分稀缺，这并不是你支付 25 到 50 美元的薪酬就能请到的普通人才。我们的社会确实太缺少那种有主见、能说会道，同时又能统领团队走向成功的人才了。约翰·洛克菲勒曾说过："如果像购买糖和咖啡一样能买到与人相处的本领，我愿为这种本领倾尽所有。"

人们为什么要参加这项培训课程呢？人们期望通过学习该项课程收获什么呢？在演讲培训课程正式开始之前，我为此做过一项调查，调查结果在意料之中，却又令人惊讶。原来，大多数人的愿景都几乎相似。他们是这样说的："当别人邀我起身讲话时，这让我感到很不适，我畏惧当众讲话，因此而无法冷静下来，无法集中精神，也就无法清楚地表达出什么。为此我希望我能获得当众讲话的自信心，不管何时都能信心满满地去表达，能放松地进行思考，能条理清晰地梳理想法，在任何公众或社交场合都能侃侃而谈，既富哲理又令人钦佩。"

我十分肯定我能保证每一个参与培训的人都能获得他所期望的东西。不过，在参与我的培训课程前，大家首先都要向我保证能做到这点：必须心怀期望地投入未来的形象设计之中，然后尽最大努力让它变为现实。哈佛大学极具声望的心理学教授威廉·詹姆士曾说过："当你全身心地关注某项工作时，你一定能完成它；当你想要干得出色时，你一定能很漂亮地完成它；当你的愿望是获得财富时，你一定可以得偿所愿；当你的愿望是开拓视野、增长见识时，你也一定能做到。只有这样，你才能真正全力以赴地专注于你的既定目标，而不是把身心精力浪费在不相干的琐事上。"

即便你鲜有公开演讲的机会，也一定会因为掌握了讲话的技巧而有所收益。当下，你要做的就是关注自己的目标，以积极乐观的心态面对任何当众演讲的机会。你所说的每句话、每个单词都要准确地体现出你心之所想。

《语言的突破》是我演讲培训课程中唯一一本教科书。本书并非以通常的书写规律而成，它像一个不断汲取营养的孩子一样，是慢慢成长起来的。大量的调查研究是它的坚实基础，若干人关于演讲的经验总结让它壮大，本书由此而成。

萧伯纳曾说："永远不要强迫别人去做某件事，因为往往越是强迫越不会真心去做。"学习靠的是自觉。掌握这本书所说的方法，不如去寻找能施展这些方法的实战机会。仅仅机械式地将方法烂熟于心，你很快就会发现它被遗忘得更快。

戴尔·卡耐基

# 目　录

**附录　戴尔·卡耐基其人其事**

# 第一章
## 成功演讲的基本法则

在任何艺术形式中，大多原则不多，但技巧繁多。在本章中，我们讨论了有效演讲的基础理念以及使这些理念鲜活起来的正确态度。作为成人，我们都想找到一种快速且易行的方式来有效演讲。然而，想要迅速达成目标，唯一的途径就是拥有正确的态度，并建立在坚实的基本原则之上。

# 第一节　当众演讲的基本技巧

世上没有天生的演说家，当众演讲其实并不难，只要掌握以下我们将要谈论的这些简明扼要的方法或技巧，遵循它们，你也能成为演讲天才。

"泰坦尼克号"沉没在北大西洋冰冷海水中是 1912 年，就是这一年我创办了教人们敢于当众讲话的培训班。至今，从这个培训班走出去的人已达 50 万，他们在顺利毕业的同时相信也颇有受益。

所有的"戴尔·卡耐基"培训班开课前，我都会让报名参与的学员谈一谈前来上课的原因，以及他们想要通过课程达到怎样的收益，这次也一样。虽然每个人都带着不同的目的前来学习，但他们的愿望以及期待却惊人的相似："大庭广众下的讲话，往往让我束手无策，既记不得之前说了些什么，也不知道下一句要说什么。我希望通过专业的培训让自己能轻松自在地当众讲话，能有条不紊、富有逻辑地表达自己、说服他人。"

相信这段话能触动许多人的心扉。曾几何时，你是否也发誓能掌握有效的说话技巧，哪怕心甘情愿付出再多的学费？现在，你打开了这本书，证明你想要掌握说话技巧的决心已十分充分。

我了解你当前所有的疑虑:"卡耐基先生,我真的可以泰然自若地当众讲话,甚至畅所欲言吗?"

事实上,这个问题并非由"我认为"来决定。我的一生都在致力于帮助人们克服恐惧、重拾自信,我所培训过的学员中,的确有这样的案例发生。只要你能遵循这本书中所介绍的方法和技巧去练习、去实践,相信一定收获颇丰。

你有没有想过,为什么我们总是能和家人、朋友谈笑风生,可一到了公众场合就变得惊慌失措、笨嘴拙舌?在我们身上究竟发生了什么?我想让所有人都知道,这样的窘困是可以通过后期训练得到改善的,训练可以消除大家的恐惧心理。这就是本书的目的,它不属于一般的教科书,它既不教条也不刻板,也不讲生理学上的发音技巧。本书就是要训练人们有效说话,你只需要配合我,配合这本书,然后持之以恒地将书中的建议实践于各种需要开口说话的公众场合。

## 一、借鉴他人,激发自己的勇气

纵观古今,没有一个人是天生的演说家。历史上曾有一段时间,公众演讲被奉为一种高雅的艺术,并严格规定了修辞手法和演说形式,这让公众演讲讲得娴熟有技巧成了一件相当有挑战的事。如今不同了,在我看来演讲就是人与人之间的交谈,就像与朋友共进晚餐、与家人看电视节目时轻松而率真的交谈。

许多教科书把当众讲话的技巧说得神乎其神,它们认为从发声到修辞法,都要经过多年的训练才能达到有效交流的境界。我对此难以苟同,我的培训经历告诉每一个人,只需遵循一些简单的规则,就能轻而易举地实现当众讲话的目的。

1912 年，当我刚在纽约开设演讲课程时，还没有认识到这个道理，当时我教授学员的方法与大学授课的方法无异。好在很快我就发现自己大错特错，我怎么能把商界精英当成大一新生来教导呢？我甚至还让他们生硬地模仿韦伯斯特的演说技巧。这种教学当然无法满足他们的需求，他们要的是能让他们在下一次的例会上轻松自如地发言，有条不紊地阐述问题。于是，我将所有的教科书抛之脑后，只给大家讲一些简单的原则方法，更多的是实际训练，果然取得了显著的效果。课程结束后，广大学员仍然争先回到我的课堂，想要得到更多的培训，他们实在是太渴望这种技巧了。

这些受益良多的学员纷纷寄来感谢信，有机会你一定要来我的办公室看看这些信件。他们有的来自工业翘楚；有的是《华尔街日报》或《纽约时报》商业版面的常客；有国会议员和州长；有大学校长；也有娱乐界的超级明星，当然更多的还是家庭主妇、旷工、教师、经理、工人、协会成员、大学生和职业女性等生活在各自社区的成千上万的普通人。这些人都曾渴望重拾自信，能站在公众场合的演讲台上发言，并得到认可。现在，他们通过课程实现了自己的需求，于是来信表示感谢。

我的大脑此刻闪过一个身影，他是数以万计的学员中的一个，他的案例在我的教学生涯中留下深刻的印象。他叫根特，是费城成功的生意人，那是发生在许多年前，在他参加我培训班后不久的事情了。有一天他邀请我共进午餐时说："卡耐基先生，以前我遇到需要当众讲话的场合都会选择避开，可你看现在，我成了一所大学董事会的主席，必须主持很多会议。您看像我这把年纪的人还能像别人一样当众畅所欲言吗？"

其实在我的众多学员中，这样的例子很多，于是我十分肯定地告诉他一定可以。

大约三年后，我和根特有幸再一次共进午餐，于是我询问他是否还记得三年前的那个话题。他笑着掏出一个红皮笔记本，向我展示了几个月内他的演讲日程。他坦言道："当众演讲的自信和能力让我体验到愉悦，我还从中收获到了为社会做贡献的价值感，这些都令我深感自豪。"

令我惊讶的还不止于此，根特接着十分骄傲地讲述了他最得意的一件事。鲜少来美国的英国首相曾受邀在费城演讲，而当时负责演讲的主持人正是根特。

很难想象，一个人身上会发生如此翻天覆地的变化。然而，这样的例子远不止一个。随便哪个，拿出来都是一个经典案例。

前几年的一个冬天，居住在布鲁克林的柯蒂斯医生到佛罗里达州度假，正好住到了离"巨人队"训练场不远的地方。柯蒂斯本就酷爱棒球运动，于是整个假期，他常常前往训练场看运动员们练习。不多久，他便结识了一些球员，还被邀请去参加一个球队的宴会。

宴会上，正当大家开始享受侍者刚端上来的咖啡与甜品时，主办方邀请几位贵宾上台致辞。就在柯蒂斯医生毫无准备的情况下，听到主办方说道："今晚有幸邀请到一位医学界的朋友，现在我们特别有请柯蒂斯医生给我们谈谈有关棒球运动员的健康保健知识。"这个邀请猝不及防，只见柯蒂斯医生站起来，半晌没有说出一句话便默默退场了。

对于柯蒂斯医生来说，难道这个问题过于深奥吗？显然不是。事实上，他正是这方面的专家，而且从业 30 多年，他根本不需要做什么准备。如果你私下与他详谈，他可以就这个问题滔滔不绝谈论一整晚。然而突然让他上台当众演讲，即便是同一个问题，即便面临的是同一群人，情况就不一样了。此时此刻，这个问题成了一个令他惊慌失措的突发状况，他的心脏此时狂跳不止，当他努力想让自己平静下来时，心脏好像又停止了跳动。他从未当众讲过话，他只知道此刻脑海中所有的思绪统统消失不见了。

宴会上所有人的目光都聚焦在了他身上，他摇头表示谢绝，但越是这样，大家鼓励的掌声就越热烈。"柯蒂斯医生，请上台说几句吧，说几句吧！"呼声震耳欲聋，他愈发没有了拒绝的理由，这种窘境让他失落到了极点，可他没有选择的余地。他很清楚，自己站起来讲话，根本不可能连贯地说出几个完整的句子，最后只得在众目睽睽之下退场。

回到布鲁克林的第一件事，他就报名参加了我的培训课程。他再也不要陷入那种令人难堪的窘境了。

这样的学员是老师的最爱，因为他们比任何人都要迫切地希望自己能拥有一个一鸣惊人的演讲能力。每次上课，他都认真地备好演讲稿，积极主动地练习，从不缺席每一堂课。他的努力不负众望，他提高的速度不但令他自己惊讶，也大大超过了我的预期。两个月后，他已经完全克服了恐惧心理，重拾自信，开始被各地邀请进行演讲。现在，他沉浸在演讲带给他的自信、荣誉和喜悦的美好感觉中，并结实了很多不错的新朋友。

柯蒂斯的演讲有幸得到纽约共和党竞选委员会的一名委员的赏识，于是他受邀为共和党进行竞选演讲。这位政治家一定不知道，一年前的柯蒂斯医生还因恐惧当众演讲而在一场宴会上落荒而逃呢！

在众人面前，冷静而有条不紊地进行一场演讲其实并不算难，至少没有你想象中那么难。这就好比打高尔夫球，没有人天生就能打好球，但如果你十分迫切地想做好并愿意为之付出努力，那么就可以最大程度地挖掘出内在的潜力。这让我想到另外一个案例：

有一天，我的办公室来了一位贵客，正是B.P.古特瑞奇公司董事长大卫·古利奇先生。一进门，他就对我一通抱怨："作为一个董事长，每次需要我当众讲话时，我的内心都会无比紧张和惶恐，但这是我的工作，我必须主持会议。我和董事会的董事们都很熟悉了，大家坐在一起交流时十分惬意，可只要我站起来讲话，就会莫名感到恐惧。这个问题太严重了，已经伴随我很多年了，说实话我都不太敢相信您能改变我。"

"既然你对我有所疑虑，又为何找到我呢？"对于我的疑问，他解释道："我的一个会计师，不善交际。他要经过我的办公室才能走到他的岗位，这么多年了，他每天都是扎着脑袋，盯着脚尖走过我的办公室的，从不敢和我对视一眼。可最近他像变了一个人，昂首挺胸地经过我的办公室，还主动和我打招呼'早上好，古特瑞奇先生。'神采飞扬，充满自信。我被他震撼到了，于是找机会问他，究竟是什么力量改变了他。他告诉我，他来听过你的课。我亲眼见证了奇迹，这才找到了你。"

我告诉他，只要他能保证按时来上课，并配合我的要求，几星期内就能让他站在别人面前侃侃而谈。在我的鼓励下，他果然报名来上课了。

三个月后，在参加阿瑟特饭店举行的三千人出席的宴会上，我邀请了他，让他试着当众讲讲他在我的课程中的一些收获。为此，他特地推掉了已经约好的一场演讲而专程赶来。他说："我是专程为您而来，如果我不来参加你的演讲，会让我良心不安。我要告诉在场的所有听众，这门课程对我的帮助有多大，我希望可以通过我的故事来激励那些和我一样的人，让他们克服恐惧，重拾自信！"就这样，原本两分钟的演讲，古利奇先生滔滔不绝地讲了十来分钟。

在我的教学生涯中，有过成千上万个类似的例子。这门课程帮助他们在各自的岗位上取得了非凡的成就。而改变他们的，有时只是一场恰如其分的演讲。马里奥·劳泽的故事就是很好的例证。

很多年前的一天，我收到一封来自古巴的电报。上面写道："如若您不反对，我将即刻动身前往纽约参加培训。"署名马里奥·劳泽。思前想后，我确信自己不认识这个人。"

直到马里奥·劳泽来到纽约后，我才知道了事情的来龙去脉，他说："我受邀参加哈瓦那乡村俱乐部创始人的 50 岁生日宴，还要在宴会上为创始人颁奖并致演说词。可是虽然是一名律师，却从来没有参加过公开演讲，我害怕搞砸这次宴会，到时我和我的夫人将颜面无存，对我事务所的信誉也会有所损害。因此我千里迢迢从古巴赶来向您讨教，并且我只有三周的时间了。"

于是我利用这三个星期的时间，把劳泽先生的课程安排得满满的。三周后，他在哈瓦那乡村俱乐部的演讲相当成功，《时代》杂志还将其当作国际新闻进行了详细报道，并称赞他有一副"铁嘴钢牙"。

你是否觉得以上我说的都不可思议呢？是的，这些的确不可思议，因为这是 20 世纪克服心理恐惧的最伟大的奇迹。

## 二、坚定目标，砥砺前行

根特先生向我描绘的那种在公众场合因畅所欲言所收获到的快感和成就感，正是支撑他走向成功的原因，而且在我看来，这个原因比其他任何原因都更加重要。根特先生最终在我的指导下认真完成了课程，我相信他之所以能做到这些，是因为他始终坚信初始目标，并相信自己一定会成为一名出色的演说家。他为之努力，然后实现了。

试想一下，在公众场合能充满自信地口吐莲花，拥有这种能力对你而言将十分重要：它将为你吸引人脉，从而结实各行各业的朋友；你也因此而有更多的精力投身于社会服务；你的事业因此而获得更多的上升空间……这一切都将为你今后收获个人和专业上的成功而铺路搭桥。

曾任联合国教科文组织主席和国家现金注册公司董事局主席的艾林先生曾发表了一篇《口才与商界领袖》的文章，后来这篇文章刊登在了《演讲季刊》上。文章这样写道："纵观那些商业精英或领袖，他们的成功多是凭借演讲台上的口若悬河。多年前，我认识的一位年轻人发表了一次完美演讲，当时他还在堪萨斯州做业务主管，现在他已经是我们公司的副总裁了。"后来我听说这位副总裁最终成为他们公司的董事会主席。何曾想过，一场演讲竟成为这位年轻人迈向成功的契机。

在众人面前从容不迫地侃侃而谈，是否具备这样的能力关乎一个人的发展。我的学员亨利·布莱斯顿，曾是美国思弗公司董事长，他对此深有感触："判断一个员工是否有上升空间，看他是否具备有效交谈的能力以及与大家协同合作的能力。"

试想下，当众侃侃而谈，抒发自己的观点，分享自己的思想，这是多令人骄傲的一件事呀！我曾几度环球旅行，旅途中收获了轻松快乐。每次演讲结束，我的胸口都像燃起了一团火焰，炙热而强大。培训班有个毕业的学员这样说过："演讲开始前的两分钟，我宁可挨鞭子也不愿开口；演讲结束前的两分钟，我宁可挨枪子也不愿停下来。"

请试着想象一下，你的面前坐满了听众，你信心十足地走上台开始你的讲演，全场观众都被你深深吸引了，台下鸦雀无声，回荡着的只有你慷慨激昂的声音。演讲结束，立刻响起了雷鸣般的掌声，它再一次验证了你深厚的演讲技巧……

哈佛大学著名心理学教授威廉·詹姆士有四句名言，这四句话对广大学员来说，就像阿里巴巴打开宝藏大门的咒语：

如果你设定了某个目标并坚定不移地去执行，那么自然会实现这一目标；

如果你的目标是能做好一件事，那么就一定能做好；

如果你的目标是致富，就一定能致富；

如果你的目标是成为博学的人，你就会变得博学。

只有这样，才能心无旁骛地专注于你所期盼的事，而不是把时间浪费在不相干的琐事上。

学会有技巧地说话，并非只能让你在公开演讲时受益，更何况很多人一辈子也没有几次公开演讲的机会。它的益处还有更多方面的体现，如它能激发一个人的自信心，当你在公众面前都能侃侃而谈时，更不会畏惧与陌生人单独交流。参加培训班的学员，最初都有社交恐惧，后来他们发现，原来站在演讲台上开个玩笑又怎样，天又不会塌下来，于是变得越来越泰然自若，接着他变得让家人、朋友、客户、委托人都刮目相看。就像根特先生一样，大多学员都从周围朋友对自己的态度转变中得到了激励。培训课程必然会影响一个人的某些性格特征，但它不会一蹴而就，这往往是个潜移默化的漫长过程。就在不久前，我还就演讲训练是否有益于身心健康的问题而咨询过外科医生大卫·乌尔曼博士，他曾是美国医学会前任主席。他微微一笑，写下一个"处方"：这种药仅为自己所有，在药房是买不到的；千万不要误以为自己没有。

恰巧我的办公桌上也放着一份"处方"，与奥曼博士的有着异曲同工之妙，每次读之，都让我受益匪浅：

学会让别人理解你的意图，清晰地表达自己的思想和见解。当你朝着这个方向去努力时，一个全新的你将会在人们心中重塑起来。

这个处方会给你的身心各处带来益处。当你学会与人交流，不仅信心大增，就连性格也会变得温和。一个人的情绪好了，身体也会更加健康。现代社会是个交际的社会，无论男女老幼都会有当众演讲的机会。我不知道这样的讲话具体能给人带来什么样的益处，因为我只是从他人的经验上有所体察，但我十分确信它于健康有益。我的经验告诉我，尽量地多找机会和别人说话，你会在这个过程中不断地感受激情、重拾自信。这种感觉是任何药物都无法给予的。

再有就是要坚定自己的目标，要始终相信自己能够成功当众演讲。切记威廉·詹姆士所说的话："如果你设定了某个目标并坚定不移地去执行，那么自然会实现这一目标。"

### 三、下定必胜的决心

在我受邀录制的某档节目中，主持人曾要我简单概括一下人生中最重要的修行。我是这样回答的："我认为是人类的思想。假如我能了解一个人的思想，就能了解这个人。假如有一天我们改变了自己的思想，也就改变了自己的一生。"

现在，大家既然已经认定了自己的目标，即重拾自信、培养与人交际的能力，那么就要积极地相信自己通过努力一定可以实现这个目标。要保持积极的心态，争取在公众面前讲话的机会，紧紧抓住每一个词语和动作，将今后余生每一分精力都用在培养这种能力上。

突破语言的艺术是一种挑战，大家必须抱有必胜的决心。我又想起一个故事，它恰巧验证了这点。

故事的主人公从一个普通职员一路晋升，最后成了商界的传奇人物。然而，在他的大学时代，却因不善言辞而饱尝挫折。他连在课堂上起身回答问题都无法做到，规定五分钟的演讲课程，他常常讲到一半就会面色苍白地落荒而逃。

这个年轻人非但没有被挫折打倒，反而激发了斗志，他立志要成为一名优秀的演说家。为此，青年不懈努力，数十年如一日地刻苦练习，竟成了受人敬仰的政府高级顾问，他就是克莱伦斯·兰德尔。

在兰德尔先生众多颇具哲理的著作中，有一本《自由的信念》，其中这样写道：

"若论我这一生在演讲方面取得的成绩，恐怕奖章要从左袖口排到右袖口了。我曾出席制造业协会的午宴，进出于商业协会、慈善机构、校友会等各种团体。一战后，我曾在密歇根州做爱国主义演说，竟说服了自己去参军。我与米奇·尼在慈善演讲中激烈辩论；同哈佛大学校长詹姆士·布莱特·克南特、芝加哥大学罗伯特·赫臣就教育问题展开雄辩。我甚至用我蹩脚的法语进行过一次正式的餐后演说。"

"我何以能得到那么多听众的捧场，只因我了解大家想听到什么，并以他们所喜欢的方式表达出来。相信我，这并不难学，只要你愿意尝试。"

我对此深表赞同。一个人能否成为优秀的演说家，取决于他是否具有强烈的愿望。如果我能感受到你强烈的愿望，那么我几乎可以肯定你必将进步神速。

曾有一个来自美国中西部地区的学员，他本是名建筑工。在培训班的第一次演讲中，他精心准备了演讲稿，然后信心满满地说起他的志向，他不仅仅要成为一名地产开发商，还要成为全美建筑业协会的发言人。他非常认真，且并不认为自己在吹牛，他表示自己一直希望周游美国，把自己在建筑上取得的收获和遇到的困难讲给广大的从业人员。这个人就是乔·哈斯迪科，他果然说到做到了，我也为此感到自豪。哈弗斯蒂想学习时政评述，他还关心地方福利和国家政策。在追求自己理想的道路上，他执着而勤奋，工作再繁忙，他也不曾缺课。结果就是，他的进步神速，只两个月时间，他就成为全班最优秀的学员。

一年后的一天早上，乔·哈斯迪科的培训班老师在吃早餐时无意翻到了《弗吉尼亚向导》，上面竟刊登了乔的照片和满篇称赞他的报道，而那时这位老师几乎已经忘了这个人。后来，这位老师说道："乔看起来一点都不像全美建筑业协会的发言人，他更像该协会的主席。"后来，他果然当上了全美建筑协会的主席。

成功的首要条件就是要激发自信心，而后用强烈的愿望保持持续热情，用持之以恒的态度战胜艰难险阻。

当年凯撒的古罗马军千里跋涉，横渡英吉利海峡登陆英格兰时，他是如何鼓舞士气，让他们充满必胜的决心的？他的诀窍很妙：他烧毁所有的船只，故意让军队驻扎在多佛港口的悬崖边上，让士兵从200英尺高的悬崖上俯瞰惊涛骇浪。远在敌国的他们已毫无退路，唯有破釜沉舟、殊死一搏，然后不断地前进。

这就是恺撒精神。这种必胜的信念正是我们需要学习的，将身后的门关上，切断自己所有的退路，然后直面恐惧。

## 四、争取实践的机会

我在纽约那些年所用的课程讲义，几乎每年都会根据实际情况进行调整，或者加入新的想法，或者删去过时的内容，但是，有这样一条内容被一直保留下来，即每个学员至少要做一次面向全班同学的演讲。为什么坚持这样做？因为一个永远站在岸上的人是不会学会游泳的，同理，要想学会演讲，就必须找一个公众场合实战演习。哪怕你熟读再多理论知识，没有登过台，就不可能泰然自若地开口讲话。

本书能教会你的只是演说的技巧，而你必须将其付诸实践才能真正修成正果。

众所周知，乔治·波拿德·肖就是个演讲高手，当有人向他请教演讲技巧时，他是这样回答的："就像初学溜冰的人一样，不断地摔跤，直到习以为常。"萧伯纳曾是全伦敦最恐惧社交的人，甚至每次他都要在泰晤士河岸边徘徊上20分钟才能鼓足勇气敲别人家的门。对此，他也十分无奈："恐怕没有几个人像我这样为自己的胆怯烦恼到发狂了吧！"

最后他终于下定决心要克服这个致命的弱点，于是他加入了一个辩论沙龙，但凡伦敦有公开的辩论会，他都会踊跃参加，哪里有社会活动，他都会积极参与。终于，他摆脱了困境，成为20世纪上半叶最耀眼和受瞩目的辩论家之一。

普通人并不缺乏当众开口的机会，如参加一个社会团体，从事一个需要讲话的工作，志愿成为政府的发言人，做好随时参加民间沙龙的准备……尽管开口就是了，哪怕是随声附和某个提议也好。要时刻准备着，伺机而动，一旦有任何需要开口说话的场合，都不要放过，社会上的、商业上的、政治上的，邻居鸡毛蒜皮的小事，只要你尝试着开口，就会发现自己竟然有着无限潜能。

一位年轻的商务主管对我说："道理我都懂，可是面对那些困难，我总是望而生畏。"

我立刻否定了他的说法，开口本身并不是困难，最大的困难是缺乏挑战和突破自我的勇气。我告诉他，当众讲话不仅仅能让他收获事业上的助力，还能完善一个人的性格。在听了我的劝解后，他鼓足勇气说道："我想是时候接受这个挑战了，我可以的。"

当你把本书介绍给你的方法付诸实践的时候，你便是接受了这一挑战。在这个挑战过程中，你会发现自己在前进中慢慢蜕变，引领你前进的正是自己的决断力和坚定的信念。

## 【经典摘录】

如果你设定了某个目标并坚定不移地去执行，那么自然会实现这一目标；

如果你的目标是能做好一件事，那么就一定能做好；

如果你的目标是致富，就一定能致富；

如果你的目标是成为博学的人，你就会变得博学。

成功的首要条件就是要激发自信心，而后用强烈的愿望保持持续热情，用持之以恒的态度战胜艰难险阻。

## 【本节解读】

讲话人人都会，但如果把你置于公众场合，面对台下众人灼热的目光，你还能流利自如、滔滔不绝地讲话吗？是的，大多数人会碍于害羞之心或胆怯心理而无法正常讲话。人越多，顾虑就会越多，你会奇怪，原本打好的腹稿通通不见了踪影，你的大脑一片空白，然后说出的话变得语录伦次、磕磕巴巴，脸色通红、心脏狂跳，最后无地自容地草草结束这场令人尴尬的当众演讲。

事实上，当众演讲并没有什么秘诀，只要你能正常开口讲话，就能做好一次当众演讲，这也是为什么卡耐基从不会在书中教导你发音技巧、叙事构造等有关语言学理论知识的原因。其实，你需要的仅仅是一个激发自我的勇气，一个坚定的目标，必胜的决心，以及积攒更多的实践机会。

勇气是进行公共演讲的第一步，也是最重要的一步。不可否认的是，有的人天生就缺乏勇气，这就需要大家首先能面对自己的恐惧。每个人都有一定程度的演讲恐惧，而正是这种恐惧让你在台上变得局促不安。请一定深入地了解自己，明白自己的恐惧源自何处，是羞怯，还是缺乏自信，抑或是欠缺一个实践的契机……当你找到恐惧的根源并克服它，就迈出了当众演讲的第一步。一般来说，有了一次成功演讲的经历，就能重拾自信和勇气，正如卡耐基在师范学院所经历的那样，12 次的屡败屡战加一次的成功，就实现了人生的逆袭。

一个成功的当众演讲还需要事先确立好目标，这个目标不仅仅是为了传递信息给台下的听众，更是为了能影响听众，激发听众的思考。因此，在拿到一个演讲题目前，一定要明确目标，并根据目标指引调整你的演讲内容和方式，在你和听众之间架起一道沟通的桥梁。你想向听众传达什么？你希望听众在收听完你的演讲后怎样去做？这些都是在设定目标时需要考虑的问题。

卡耐基认为必胜的决心对于成功演讲来说很重要。无论在准备阶段还是实际演讲阶段，都一定会遇到重重的困难，如果没有抱着必胜的决心，就很容易被困难征服，或中途放弃或演讲惨败。因此，必须要有决心，这种心理暗示将成为你直面困难的动力，成为你维持演讲热情的精神依托。

任何心理建设最终都要落实到真枪实弹地演练中去。卡耐基要大家争取每一次公开演讲的机会，即使没有，也要在日常生活中寻找每一次练习的机会。卡耐基以全伦敦最社恐的人萧伯纳为例，通过他不断地实践、演练，从而变成 20 世纪最杰出的辩论家这一反转，佐证了实践对于成功当众演讲的重要作用。当众演讲没有技巧可言，他也并非一蹴而就的事，需要大家不断地克服恐惧、积累经验，才能取得成功。

# 第二节　做自信的自己

告诉你们一个克服恐惧的小妙招，把自己当成一个演员，演一个神气十足的债主，而台下的听众都是欠你巨额债务的可怜人，正巴巴地奢求你宽限还款日期。这样一来，你就不必害怕他们了。

"卡耐基先生，五年前我曾去过您开办演讲课程的酒店，但在门口的一刹那，我停住了脚步，我害怕只要我一走进房间，就必须要面临一次推脱不了的当众演讲。其实我的手已经放在门炳上了，可最终还是仓皇而逃。当年我若是知道您战胜畏惧的办法如此简单，我决不会犹豫了五年时间，才来参加。"

这些肺腑之言并非出自某个坐下来和我拉家常的人，而是出自某个参加培训班的学员之口，并且是在有着两百名听众的毕业演讲上说的。当时我就坐在台下，被他沉着而自信的仪态所深深吸引。作为培训班的老师，我十分欣慰他克服了内心的恐惧，最终鼓起勇气站在了演讲台上。我甚至幻想，要是他在五年前或是十年前就已经战胜了恐惧，不知他会取得多大的成就，收获多少的快乐！

爱默生曾说过："打败人类的往往是恐惧自身，这比任何事都要奏效。"如今我才体会到这句话的精髓。说实话，1912 年初设培训班时，我压根没想到它能成为消除人们恐惧和自卑的良药。如今我深切地认识到，当众演讲能让一个人克服恐惧、重拾自信。这是为什么呢？因为在公开演讲时，我们必须要控制住自己的恐惧感。多年的教学经验让我总结出了一些技巧，它可以令你在短短几周之内树立信心，登台演讲。

## 一、知彼知己，百战百胜

事实一：怯场的并不只有你自己。据高校的统计调查，在所有选修演讲课程的学生中，80%—90% 最初都会为当众演讲感到恐惧。这个数字若是放在我的培训班中，恐怕还会更高。

事实二：适当的恐惧对于演讲者来说并非坏事！这可以被看做是一种自然疗法，即适当的恐惧能激发人类逆境中求生存的本能。所以，当你发现自己呼吸急促、心跳加速时，不必惊慌，这是你身体正常的应激状态，它能让你的思维更为敏捷，表达更加顺畅。

事实三：告诉你一个真相，其实许多职业演说家在登台时也需要克服恐惧心理。演讲之前，他们也会面临紧张的情绪，只要你用心倾就听会发现，这种情绪往往会表现在开头几句中。只不过他们既然选择了成为赛马而不是一匹无忧无虑的驮马，就必然要付出些许代价。

事实四：怯场最主要的原因只是你还不习惯或不适应这种场合而已。罗宾逊教授在《思想的来源》中说道："恐惧来源于未知和不确定。"对于大众来说，当众演讲就是一个未知的领域，大家因无法预知演讲的结果而感到焦虑和恐惧。让初学者来应对陌生的面孔和环境，这比让他们学习开车和打球要难得多。解决这种情况的办法只有一个，就是练习、练习、再练习！只要有一次成功的经验，你将发现公众演讲不再是折磨而成了一种快乐。

阿尔波特·爱德华·维根是位杰出的演讲家和心理医生，我曾读到过他所写的自己战胜恐惧的故事，十分具有说服力。他这样写道：

眼看当众演讲的日子一天天近了，我却莫名其妙地病了。这个作业就像一场噩梦，每每想起就感觉血气上涌，两颊火辣，甚至要把脸贴在墙上降温。这种情况一直持续到了大学时代，而我一点好转的迹象都没有。

记得有一次演讲，我刚开了个头，就看到台下密密麻麻陌生的脸孔，大脑立刻一片空白。我强作镇定，磕磕巴巴地说完了第一句话"亚当和杰斐逊与世长辞了……"接着就一个字也想不起来，干脆耷拉着脑袋，满脸通红地回到座位。校长这时起身说道："爱德华，听到这个不幸的消息我们都很悲伤，不过我想大家都会尽力节哀顺变的。"全场立刻哄然大笑，而我恨不得找个地缝钻进去。之后，我一连病了好些天，能活下来简直是大幸。从此，我发誓这辈子绝不再公开演讲。

大学毕业后，爱德华一直住在丹佛。那是 1986 年，银币自由铸造事件正掀起了一场政治风波。他偶然间读到一本关于银币自由铸造主义者的宣传手册，看到他们荒谬的政治观点，爱德华十分气愤，于是典当了手表凑够路费回到家乡印第安纳州。回到家乡做的第一件事，就是为健全货币制度而四处演讲。听众里有许多都是他的高中同学，这让他立刻想起了"亚当斯和杰弗逊"的窘境，悲剧似乎再次来临，他开始呼吸急促，一种窒息感汹涌而来。索性，这次他没有仓皇而逃，而是坚持了下来。这小小的成功赋予他极大的勇气，原本15分钟的演讲，他竟不知不觉讲了将近一个半小时。

"您肯定不敢相信，在今后的几年时间里，我从一讲话就犯病的怯场者成了职业演说家。我现在终于切身体会到了威廉·詹姆士的那句话——'让成功成为一种习惯'。"

事实证明，阿尔波特·爱德华·维根掌握了战胜恐惧的诀窍，就是从一次小小的成功开始。即便怯场了，场面失控、思维混乱、口齿不清，也不要紧，把它当成正常的生理反应。学会利用它，按照培训课程的方法，通过努力一次次把怯场心理降到最低，终能赢得逆转。

## 二、不打无准备之仗

很多年前，我曾参加过一次纽约旋转俱乐部的午餐会，其中一位政府高官在大家的邀请下，就他部门的工作进行了一番演讲。显然大家对这次演讲期待很高，但我随即发现，这位演讲者根本没做准备。能看出来，他本打算即兴发挥一下，但刚开了个头就露怯了。于是，他从口袋中掏出一些零碎的卡片，看起来杂乱无章，一些还掉在了地上，他手忙脚乱地整理了好一会。时间一分一秒过去，他越来越慌乱，为了掩饰内心的慌乱，他端起了水杯，但水杯连同他的手都在明显地颤抖。最终，他还是放弃了这次演讲，这是我见过的最令人尴尬的失败演讲，失败的起因是因为他毫无准备。他的这一轮操作让我想起卢梭对于那封情书的形容：开始于不知所云，结束于不知所以。

1912年开办课程以来，每年点评5000次以上的演讲成了我的工作之一。通过这些演讲我总结出一个道理：机会只偏爱有准备的人。就像上战场的士兵，如果不带武器，或没有准备充足的弹药，要怎么冲锋陷阵呢！就像林肯所说："经验再老道的人，一旦毫无准备，都会陷入尴尬的境地。"

怎样才能从容不迫地走向讲台？一定是事先做足充分准备的人才能做到如此自信。圣经上说"完全的爱能赶走恐惧"，实际上充分的准备也能赶走恐惧。

丹尼尔·韦伯说："毫无准备地去演讲，就像那位穿新衣的国王一样。"

### 1. 不要逐字背诵演讲稿

"不打无准备之仗"，不是说让你逐字逐句地背诵演讲稿。这里我必须要对那些死记硬背演讲稿的人说"不"！

背诵演讲稿是下下策，一不小心就会像一只鸵鸟一样扎进演讲稿里。养成这种愚蠢的习惯，就像找到了可以依赖的药物，从此把大把的准备时间浪费在演讲稿上而忽略了临场气氛。

美国新闻评论协会主席卡特·博恩在哈佛念大学时曾参加过演讲比赛。他准备的演讲题目是一则短篇故事，名为《绅士万岁》。博恩把故事一字不落地背诵下来，私下预演了无数遍。可是到了比赛当天，他仅仅只念出了"绅士，国王"几个字便一下子卡住了。他开始惊慌失措、大脑一片空白，再也想不起来一个字。好在他随机应变，抛弃先前的演讲稿，用自己的话救了场。不可思议的是，他竟然赢得了所有评委的支持，获得第一名。从此，博恩再也没有背过一篇演讲稿，而这成为他事业成功的秘诀。他之所以能自然随和地点评听众，就是从不打草稿的原因。

　　花时间写演讲稿，再逐字逐句背诵下来是一件费力不讨好的事。试想，人的一生中，除了睡觉，大部分时间都是在说话，说这些话前，有谁先去专门拟个稿的呢？这是因为我们的大脑时刻都在运转，而这指导着你要说的话，这是自然而然的一件事。

　　就连鼎鼎大名的英国首相温斯顿·丘吉尔都饱受背诵演讲稿之苦。年轻时的丘吉尔总会把要演讲的内容写下来背熟。有一次，当他在国会发表演讲时，突然忘了词，结果思路中断后再也拾不起来了。他为此羞愧难堪，从此再也不背诵演讲稿了。

　　靠机械的记忆当众演讲，总会有忘词的时候。即使没有忘词，这样的演讲听起来也会十分生硬，索然无趣。这是因为背诵之言并非发自肺腑，它是脱离场景的，是与观众缺乏互动的。好比我们私下与人交谈时，想说什么就脱口而出，不会去考虑遣词造句的问题。既然我们平时能顺畅地与人沟通，为何演讲时要改变这一习惯呢？如果一定要坚持逐字背诵演讲稿，那么就可能陷入万斯·布什奈尔一样的窘境。

　　万斯毕业于巴黎比尤克斯艺术学院，而后进入了世界最大的保险公司之一的布氏人身保护协会工作，而今的他已经是副总裁了。刚入行的前两年，他受邀参加一个公司内部的会议，与会人员是来自全国的横平保险的代表，有两千人之多。万斯被安排在会上进行 20 分钟的发言，这让他深感荣耀，因为可以借此机会在同事、领导面前表现自己。然而，他却用错了方法，他仔仔细细地写了一份演讲稿，在镜子面前预演了几十次，甚至设计了每个手势和表情。他信心十足地认为自己一定能带给大家一个精彩绝伦的演讲稿。

　　事与愿违，当他站在演讲台的那一刻，才发现根本不是那么回事，最终他只说出了一句话："我在这个项目中负责的是……"然后大脑一片空白，再也想不起一个字了。他陷入恐慌，后退了两步想要重新开始，然而依然没有想起一个字。他又接连后退了两次，当他准备第四次向后退时，悲剧发生了，他从演讲台后方到墙壁间的缝隙中跌了下去。接下来是一片哄堂大笑，万斯成了这家人寿保险公司写入历史的第一人。当时的听众甚至以为这是事先安排好的一场演出，笑得人仰马翻，直到现在还会调侃万斯当年的"幽默"。

他们不知道的是这成了万斯生命中最难堪的时刻，他甚至向公司提出了辞呈，但万斯的上司并没有批准，而是帮他重新树立了自信。几年后，万斯成为整个公司的演讲新星，而且他再也没有背过演讲稿了。

正如林肯所说："我不喜欢听枯燥而刻板的演说，我喜欢神父布道时他那丰富的肢体语言，好像在挥赶周围嗡嗡飞过的蜜蜂。"

### 2. 事先整理演讲的思想理念

那么，演讲应该怎样做准备才合适呢？其实很简单，就是针对主题回忆那些你曾经历过的最有意义、最富有人生哲理的事情，将其整理成你的思想理念，然后分享出来。查尔斯·雷诺·勃朗博士曾在耶鲁大学发表过演讲，他说："深入思考下你的主题思想，然后把它笼统地写在纸上，哪怕只有几句话，这有利于你整理出一个逻辑来。"是不是听起来很简单，其实只需要想出一个思路即可。

### 3. 在朋友面前排练一下

当你认为准备得差不多时，很有必要找朋友帮你彩排一番。这个方法简单又十分有效：不要把他当成一次演讲，而是假装和朋友聊天，顺便将你的演讲内容跟大家谈谈。你可以吃完午餐后靠近朋友说道："乔，我遇到一件很特别的事，想跟你聊一聊。"你讲的这个话题，或许可以引起朋友极大的兴致，或许他还能带给你不一样的观点。总之，他一定不知道你在跟他彩排一次演讲，即使知道也没关系，因为他或许十分享受这次聊天。

著名的历史学家阿兰·奈文斯就曾这样忠告过大家，他说："找一个对你的演讲内容感兴趣的朋友，与朋友就这个话题多多讨论，这能帮助你查漏补缺，然后找到最合适的表达。"

### 三、做好必胜的准备

上文我曾说过这样的话，但它仍然适用于此，即接受任何当众演说的训练时都要端正好态度。以下三种建议可以帮你做好必胜的准备：

#### 1. 将自己和题材融为一体

充分准备了材料，在朋友面前进行预演，这些还不够。你一定要相信自己选择的题材非常有价值，你必须笃信自己的理念。如何让你的演讲更加令人信服呢？谨慎选择题材，深入探讨其深层次的意义，并且自问，演讲要如何帮助人，如何使他们听了后成为更快乐、更好的人。

#### 2. 转移注意力，避免消极的假设

在演讲正式开始前，我们通常都会有许多消极的担忧，如害怕自己会犯语法上的低级错误，害怕讲到一半时忘了词……这些消极的假设会造成你的精神内耗，在演讲开始前就变得惴惴不安。此时，最

应该做的是，将自己的注意力从这些消极的想法上转移到其他事情上，如听一听其他演讲者的演讲，这样你很可能就不会怯场了。

### 3. 给自己加油打气

作为一个演讲家，都会有不自信和怀疑演讲主题的时候，题目是否适合自己，是否符合听众的品味等等，甚至会一时冲动更改已经准备好的题目。这些消极的情绪和做法往往会击垮一个人的自信心，这时就需要用积极的思想给自己加油打气了。你要大声告诉自己：演讲这个题目再合适不过了，它来自你的亲身经历，来自你对生命的体验，你比在座的每一位都更有发言权。这样的精神胜利法就可以起到作用吗？当然，现代心理学实验也证明了以心理暗示对自我激励的重要作用。

### 四、自信地去表演

美国知名心理学家威廉·詹姆士曾说："表面上看，行为往往跟随在感情之后，事实上两者是相伴相生的关系；行为固然受意志所控，但反过来我们也可以通过行为调整感情，但感情本身并非意志所能左右的。假如一个人时常感到不快乐，那么最好的调节方法就是假装自己很快乐，如愉快地去做事、去说话、去人际交往，就好像快乐从未远离你。假如你此时需要勇敢，那么就假装自己很勇敢，就好像表现得自己真的很勇敢一样，这样才可能战胜畏惧。"

詹姆士教授的建议如此奏效，何以不采纳呢？在观众面前表现得勇气十足，会让自己越来越自信。当然，只假装很有勇气也不行，还要事前做好充分的准备。当你确立了演讲主题，那么就快速地走上演讲台，同时深呼吸 30 秒，这能让你的大脑得到足量的氧气从而保持清醒、稳定情绪。正如著名男高音歌唱家琼·罗斯柯经常说的那样："充足的氧气能让台上的你气息平和、情绪稳定。"

昂头挺胸，直视听众的眼睛，然后信心十足地开始你的演讲，把台下的听众都当成欠了你债务正巴望着你宽限还款时限的可怜人，而你是个神气十足的债主，根本不用害怕他们。这种心理暗示也能起到很好的作用。

如果你不相信这种精神胜利法，那么我给你讲一个真实的案例，他是很早之前的学员，而现在成了很多人勇气的象征。这个人就是美国总统西奥多·罗斯福，他通过练习自我暗示，变成了一个勇士，现在用他的勇气指点江山、控制美国的舆论。

罗斯福的自传中这样写道："长久以来，我并不是一个身体健康的人，而且年轻时的我毫无自信，认为自己没有拿得出手的地方。于是，我只能勤加锻炼，无论是在肉体上还是精神上。"

"小时候曾读到过马里亚特的一本书，其中一段话让我至今记忆犹新，讲的是一位英国军舰的舰长诉说他是怎样克服内心恐惧的故事。他说任何人在面临需要付诸行动的一件事时，都会有所畏惧，但这件事又必须要做，于是大家就硬着头皮往下做，假装自己无所畏惧。这样坚持一段时间，会发现自己竟不知不觉中变成了真正的勇者。这也成了我的人生信条。任何事，无论狗熊还是烈马，亦或是持枪的歹徒，当我假装我很勇敢时，就真的不再畏惧了。"

战胜当众演讲的恐惧会对我们的人生大有裨益。当你已经能克服恐惧时，你对自己将会有一个全新的认知，以后的人生也会变得越来越精彩，越来越圆满。

有一位推销员参加完课程后这样写道："在课堂上经历过几次演

说后，我就变得无所畏惧了，好像没有什么是我应对不了的。于是，在一天上午，我去了一家很难对付的顾客家里，在他把我赶出门之前，我理直气壮地将样品摆在他的桌上。结果，离开时我从他那里签下了有生以来最大的一笔订单。"

一个家庭主妇在参加完课程后谈到她的经验："在参加课程以前，我从不敢邀请左邻右舍来家里坐坐，怕因为我的胆怯而扫了大家的兴。通过几次课程的练习后，我鼓起勇气组织了一次聚会，没想到非常成功。我以女主人的身份与各色人进行交流，我的话题总能吸引他们的注意，一点压力也没有。"

一位普通职员在培训毕业的聚会上说："作为一个销售员，我一直在逃避顾客的视线，就像我做了什么错事被发现了一样。上了几堂课后，我觉得我的自信心一下子来了，再也不害怕了，也能大胆地说出自己的想法了。参加课程一个月后，我的销售额竟然增加了45%左右，令人难以置信。"

以上这些学员的经历都说明一个道理，以前不可能的事，一旦克服了恐惧，做起来就十分顺手了。他们通过一次次的当众演说克服了恐惧，增加了自信，从而更有勇气面对生活中的任何挑战。这让他们尝到了从未有过的成就感，其实你也一样，可以通过改变自己而让未来的生活变得更加精彩。

**【经典摘录】**

怯场的并不只有你自己。据高校的统计调查显示，在所有选修演讲课程的学生中，80%—90%最初都会为当众演讲感到恐惧。这个数字若是放在我的培训班中，恐怕还会更高。

适当的恐惧对于演讲者来说并非坏事！这可以被看做是一种自然疗法，即适当的恐惧能激发人类逆境中求生存的本能。所以，当你发现自己呼吸急促、心跳加速时，不必惊慌，这是你身体正常的应激状态，它能让你的思维更为敏捷，表达更加顺畅。

其实许多职业演说家在登台时也需要克服恐惧心理。演讲之前，他们也会面临紧张的情绪，只要你用心倾听就会发现，这种情绪往往会表现在开头几句中。只不过他们既然选择了成为赛马而不是一匹无忧无虑的驮马，就必然要付出些许代价。

怯场最主要的原因只是你还不习惯或不适应这种场合而已。罗宾逊教授在《思想的酝酿》中说道："恐惧来源于未知和不确定。"对于大众来说，当众演讲就是一个未知的领域，大家因无法预知演讲的结果而感到焦虑和恐惧。让初学者来应对陌生的面孔和环境，这比让他们学习开车和打球要难得多。解决这种情况的办法只有一个，就是练习、练习、再练习！只消一次成功的经验，你将发现公众演讲不再是折磨而成了一种快乐。

## 【本节解读】

不得不说，当众演讲的首个障碍，依然是克服胆怯。本节中，卡耐基俏皮地告诉大家一个在演讲过程中的小妙招，就是把自己当成一个演员，扮演的是一个财大气粗的债主，而台下的听众则是欠了你巨额债务的可怜人，他们正摇尾乞怜地请求你宽限还款期限。

事实上，这个技巧运用的是一种心理暗示的力量，它在提醒大家，台下的人与你并无二致，如果换作是他们中的任何一个上台演讲，甚至表现得还不如你，更何况他们可能根本没有走上台的勇气。所以，切记，不管台下的听众是多么重要的人物，只把他们看成和你一样，每天吃饭、睡觉、如厕的人，没有什么高深和值得在意的。

接下来，卡耐基醍醐灌顶地告诉大家几个关于怯场的真相：怯场首先是一个普遍现象，哪怕再老道的演讲家，每次上台前，同样会怯场；怯场是身体正常的应激反应，呼吸急促、心跳加速，适当的应激反应其实能让你的思维更加敏捷，表达更为流畅，有助于演讲成功。所以，大家完全可以正视怯场，不要因恐惧而夸大这种反映。

在上一节中，卡耐基要大家建立必胜的决心，而在这一节，他又反复强调了同样的内容，并教给大家怎样去准备演讲才能做到必胜。"毫无准备地去演讲，就像那位穿新衣的国王一样。"当众演讲的准备工作非常重要，但它不是要你死记硬背演讲稿，相比而言，准备演讲的题材和思路要比背诵演讲稿有效得多。

演讲的准备还包括良好的心理暗示，很多时候，你可能是被自己的心理假设吓坏的。如在演讲前，在心里无数次地上演演讲时可能会出现的意外，这种假设反而成功地攻破了你的心理防线，打消了你的自信心和勇气。大家应该做的是做正确的心理暗示，为自己加油打气，告诉自己你比在座的每一位都更有发言权，然后自信地去登台表演。

# 第三节　突破沟通的捷径

　　打动听众最有效的方法很简单，就是不要吝啬自己的真诚和热情，谈话时把自己的经验融入其中是必要条件之一。请试想一下，如果这个演讲连自己都无法打动，又怎么能触动观众的心扉呢？

　　我很少看电视节目，但最近在一个朋友的推荐下收看了一档收视率不错的家庭主妇类节目，朋友认为我一定会对该节目的观众互动部分很感兴趣。果然，看了几期节目后，我就着了迷。这个节目的主持人非常高明，他几乎成功地把所有参与节目的人都调动起来，让每个人都踊跃发言，畅谈感想。这些人既不是职业演说家，也没有接受过专门的演练，但他们的反映真实又有趣，面对镜头没有丝毫的胆怯。

　　怎么会这样呢？我想我能回答你们心中的疑问，因为多年来我也是这样培训学员的。参与我课程的学员大多是普通人，他们最终都成功地吸引了听众的注意，因为他们所谈论的正是自己的亲身经历。他们把自己人生中最尴尬的事、最美好的回忆、与爱人最美好的相遇等等融到话题中，就那样自然而然地畅谈，无所谓铺垫、正文、结论这样的章法结构，也不管什么遣词造句、语法修辞，就那么轻松自如地抓住了听众的耳朵。该节目正是用这样的方法吸引了全国的观众。基于此，我总结出当众演讲的三大捷径。

## 一、从自己的亲身经历或身边的事谈起

之前提到的电视节目之所以做到如此高的收视率，就是因为参与者大多谈论的正是他们亲身经历或身边发生的事，如果你非要谈论政府组织或国家制度，那一定相当无趣。宴会上总有那么一些人喜欢犯这样的错误，选择一个平时既不了解也不关心的话题，像民主、爱国主义、正义等，为此还大量的翻阅工具书，挖空心思去回忆大学时政课学到一些大道理，这样包装起来的话题看上去很高端，其实沉闷而无趣。这些演说家忽略了演讲最重要的一个因素，即话题是否能打动听众。

几年前，卡耐基培训班在芝加哥希尔顿大酒店召开了一次会议。会上一个学员做了以下开场白："自由、平等、博爱，是人类发明出来的最伟大的词汇。没有了自由，生命就没有了意义。试想我们生活在一个没有自由的社会，将会是怎样一番情景？"

这位学员的演讲刚开了个头便被培训班的老师打断了。老师问他，你能以自己的亲身经历证明刚才的言论吗？

接着，这位学员便围绕这个话题给我们讲述了一个动人心弦的故事。原来他曾是纳粹统治时期法国的一名地下党，在那个非常时期，他和家人饱受纳粹的欺凌和迫害。在会上，他用生动的语言向大家讲述了自己和家人是怎样机智地对抗纳粹的严密排查，从而逃离法国的真实经历。最后他总结道："今天我可以走过密歇根大街，并随意进出这家饭店；即使我没有出入证，也能坦然地每一位警察身边走

过；会议结束后，我还能自由地去芝加哥的任何地方。这便是自由，值得我们每个人为之战斗的自由。"接着，全场响起了热烈的轰鸣。

## 1. 讲一讲来自生活的启示

来自生活的启示或感悟，都是很容易引人入胜的。但从我多年的从业经验来看，很多演讲者都难以接受这个观点。大家总是在极力地避开生活的琐碎，宁可选择那些不切实际的脱离生活经验的哲学道理，结果就是台下的听众昏昏欲睡，根本无法关注你的讲演。这就像我们满怀希望地打开晚报，本以为能看到有见地的新闻，却发现全是一篇篇没用新意的社论。在此，我完全没有否认社论的意思，问题在由谁来发表这篇社论，如果是报纸发行人或编辑没有任何问题。而作为大众的我们，还是希望听到你谈论对生活的感悟。

爱默生就是个喜欢倾听别人说话的人，无论这个人身份多么不起眼，他都能从这个人身上得到一些启发。"我敢肯定没有一个人能比我倾听得更多了，而且我很肯定，只要他说的是对生活的感悟，我从不会觉得乏味和琐碎。"关于这一点，我有必要举例说明一下。

几年前，我们针对纽约某银行的高级职员进行过一次课程培训。不难想象，这些人公务缠身，压根没有什么时间准备演讲稿，或者根本不屑于去配合这样的演讲培训，他们从来想的都是从自身角度去观察和思考，秉承自己的经验和理念。从业40年的经验的确为他们积攒了丰富的素材，但他们却不懂得去利用。

某个周五，轮到一个叫杰克逊的先生当众发言了，当时已有40多位同学到场，他却还没有确定要演讲的主题。在来的路上，他顺手买了一份《福布斯》杂志好打发乘坐地铁的时间。翻阅杂志的过程中，他读到一篇名为《你只有十年时间去成功》的文章。他倒不是觉得内容有多吸引人，只是课程上必须讲些什么。

一个小时后，他就站在了演讲台，想要把那篇文章的内容分享给在场的同学。结果可想而知，他根本没有充分领会文章的思想精髓，也没有真正明白自己要说什么，他所认为的准备最终停留在了"想要"的阶段。结果，他像背诵课本一样反复提到那篇文章的作者和《福布斯》杂志，作为听众的我们甚至不明白自己所听到的文章内容究竟是作者在讲，还是杰克逊在讲，结果只对《福布斯》杂志留下了深刻的印象。

演讲结束后，培训班的老师提醒他说："杰克逊先生，这篇文章的作者一定是个大人物吧，可惜他远在天边，我们对他没什么兴趣。我们感兴趣的是您以及您自己的想法。就这个话题而言，您是怎么想的，您有什么切身的体会？希望下周再聚会时，我们可以听到您对这篇文章的全新解读，以您自身的经历去解读。"

杰克逊在演讲结束后认真重读了那篇文章，结果发现自己完全不认同作者的观点，于是他以自己银行主管的从业经验重新提出论点，推理论证了自己的观点。第二周聚会时，他在演讲中侃侃而谈，丰富的阅历让他的演讲变得十分有趣，再也不是照本宣科地背诵。大家试想一下，一前一后两次演讲，哪个更能吸引听众呢？

## 2. 以自己的知识背景寻找主题

对于演讲初学者什么是最容易遇到的难题，我们曾做过一次统计，结果我得到的答案几乎都是"初学者如何选择适合自己的演讲主题"。

究竟什么样的主题才是真正适合自己的呢？很简单，就是思考过去你的人生经历和知识背景，用自己的话说出来，就是最适合你的主题。我的方法是，回忆过去，在记忆中搜索那些你生命中有意义并让你印象深刻的事。几年前，就演讲主题我们做过一番调查，结果最具吸引力的话题，大多离不开人生经历和个人背景。如下所示：

（1）早年的成长经历

一般与家庭生活、学校或童年往事有关的话题，在任何场合都能引起听众的注意，因为大家都对别人曲折的成长经历感兴趣。回顾你所看过的影视、戏剧、文学故事，大多是在讲述主人公的成长之路，因为这是最吸引人的地方。演讲也是如此，所以不管怎样，要把成长经历融到你的演说中。怎样衡量一件事是否能吸引人，有个小妙招，就是看它是否在你的记忆深处经久难忘，如果它总是鲜活得出现在你眼前，那么别人也一定感兴趣。

（2）个人的奋斗历程

以下这种经历说起来总是那么的动人心魄。如谈一谈你曾经的理想，以及为之奋斗的心路历程。一路走来想必荆棘坎坷，你又是怎样坚持下来的？将它们绘声绘色地讲出来，告诉人们你为了心中的理想付出了怎样的努力？你是否抵达了成功的彼岸？把自己生动鲜活地展现在听众面前，这种真切的感受才是最能打动人的。

（3）个人的兴趣爱好

由于每个人的兴趣爱好、娱乐方式因人而异，所以这个话题往往十分丰富，且能吸引人。当你谈论的是发自内心的喜欢之事，一定不会错的，因为你在谈论时的激情四射是藏不住的，这是最具感染力的东西。

（4）特定的知识背景

在某个领域积攒多年的从业经验会让你变成该领域的专家。所以即便你只谈谈自己擅长的工作，以及你在工作中收获的宝贵经验和体会，大家也一定会听得津津有味。

（5）非同凡响的经历

并不是每个人都有过非同凡响的经历，如见到了某个大人物，亲眼看见过炮火连天的战场，经历过经济大萧条等等，这些特别的经历都可以让你的演讲丰富而生动。

### 3. 你的人生信仰和信条

关于人生信仰，或许你曾冥思苦想过，如面对大千世界、芸芸众生，该保持怎样的信念和态度。既然慎重地思索过，那就说明它值得你在大众面前去讨论。当然，在谈论时，务必要举几个实例来佐证你的信念。否则只谈空想而没有实际内容，你的演讲就成了陈词滥调。不要以为随便摘录报纸杂志的文章或语录就能拼凑成一个成功的演讲，谁也不喜欢泛泛之谈。如果你的见识还不如在座的听众，那不如不要开口。只有你确实花费时间研究过的话题，才是最佳的。

在准备的环节，我之前就曾提到过，一定不能死记硬背写在纸上的东西，也不能从报纸杂志上东拼西凑个二手文章。精彩的演讲，必然来自你的内心深处对这个世界、对人生的信念。追根溯源，将这种信念挖掘出来，让它们从你的口中在这个演讲台上迸发出来，感染你的听众。

## 二、满怀热情地去演讲

一个能引起大家兴趣的话题未必就能做到满怀热情地去讲演。如，虽然我坚信自己动手，丰衣足食，但如果就洗盘子这件事来激情演讲一番，我是无论如何也做不到的。家庭主妇就不一样了，我听过他们热情洋溢地演讲过这个问题，可能是洗盘子是她们一辈子都要做的事业，这既让她们愤恨又不得不去探讨处理这项家务的方法。不管怎样，她们的确乐于讨论，所以即使是洗盘子这种在我看来枯燥的话题，她们也能生动有趣地发表演讲。

你要时刻考虑你所选择的话题适不适合当众讨论，一旦有人提出反对意见时，你是否做好了应对的准备？如果你的答案是肯定的，恭喜你，你选择的话题恰如其分。

前几天我翻到一些早年的笔记，那是 1926 年前往日内瓦举办的国际联盟第七次大会时所做的记录。我在此节选一段："几位拿着稿子照本宣科的演讲者把气氛降到极点后，来自加拿大的乔治·沃思德爵士信步走上演讲台。我留意到他手中没有拿着任何演讲稿或纸片，就那么心无旁骛地开始了他的讲演。他把所有的注意力都放在了演讲内容上，有条不紊地传达着他的思想，就像日内瓦湖水般清澈透亮。我在教学中所提倡的那些法则，在沃思德爵士的演讲中一览无遗。"

乔治爵士演讲的情形时常历历在目。他在由衷地表达自己的信念，也在以极大的热情征服听众去领会他的观点。对此，美国最具影响力的演说家菲舍尔主教在其早年的人生经历中就已经深谙其道。他在《过充满意义的生活》一书中这样回忆道：

我曾入选学院辩论队，并代表学院参加"圣母玛利亚辩论赛"。比赛的前一天夜里，我们的教导员把我叫到办公室里痛骂一番："你这个饭桶，学院有史以来，你是我见过的最差劲的演讲者了！"

我心有不服，反驳道："既然我是饭桶，你又何必选我去参加比赛呢！"教导员说："让你去参加比赛，是因为你是个有思想的人，这并不代表肯定你的演讲水平。你到那边，试着找一段演讲词练练。"

我反反复复念了一个小时，然后教授问我是否看出其中的错误。我老老实实地告诉他，并没有。于是，他让我到角落里继续念，一个小时过去了，两个小时过去了……我逐渐靠近崩溃的边缘。

"还是不知道错在哪里吗？"我思考了片刻，回答道："我明白了，我缺乏的是对演讲的真情实感，一直以来，我只是在心不在焉地念字而已。经过这一番折腾，我终于开了窍。"

菲舍尔主教的此番经历让他整个余生都刻骨铭心，从此他明白了要把真情实感投入演讲中，这成为他演讲生涯中最宝贵的一课。

有学员这样说："我对任何事都无法提起兴趣，我的生活简单而平凡。"那么我们接受过专业训练的老师便会问他，闲暇时会去做什么。他们的回答却是各式各样，有看电影的，有去打保龄球的，有在后花园做园艺的。有个学员居然喜欢收集关于火柴的书籍，老师于是抓住这一点深入他的爱好进行交谈，他的眼睛立刻闪出了光芒，开始手舞足蹈地谈论起自己的收藏。他甚至骄傲地告诉老师，他几乎收藏了世界各地有关火柴的文献资料。看到他热情洋溢的样子，老师突然中止了话题："为什么不和大家深入探讨下这个话题呢？我认为你讲得非常有趣。"于是，这个收藏家围绕他的爱好侃侃而谈一个晚上，之后，他还积极参加各种聚会来演讲关于火柴书籍的事，并赢得人们的认可和尊重。

这个故事对那些希望快速学会当众演讲的人来说，无疑是最好的例证。

### 三、唤醒听众的共鸣

一场演说往往由三大因素构成：演讲者、演讲词、听众。前面我们主要就演讲者和演讲词的问题进行了深入探讨研究，然而到目前为止，还没有真正涉及真实演说的情景，接下来我们就要谈论有关听众的问题。只有演讲者将自己演讲的内容与听众建立联系后，演讲才算真正开始。

演讲稿准备得再充分，演讲者讲得再激情澎湃，但若少了听众的捧场，演讲也是不成功的。职业演讲家往往会调动起听众的热情，让他们以为这个话题关乎自身利益。其实任何演讲高手，首先都是一个捕捉人心的高手，他能让听众以他为中心，将其带入自己的情感世界里，感同身受他的喜悦和忧愁。他始终明白，听众才是演说的中心，演说成败正是由听众的反应来判断，而不是由他判断。

曾经有一位来自美国银行学会纽约分会的学员，他因始终无法和听众沟通而苦恼。我们专门针对他的情况做出一份解决方案。首先，我要他反复地思考主题，直到他对此产生了浓厚的热情。接着，我让他谨记遗嘱公证法庭的记录，记录显示85%的人在去世时几乎分文不剩，只有3.3%的人会留下10000美元左右的财产。而银行职员就是在帮助人们理财，让人们衣食无忧地安度晚年，身后还能留给妻子、孩子一些财产。这份工作十分高尚，是一个了不起的社会服务性工作。

这个学员思考良久后终于激起了胸中澎湃的热情。他饶有兴致地投身到工作中，并坚信自己身负使命。后来，他四处巡回演讲，不再照本宣科，而是像一名合格的传道士，把理财的理念一次又一次地传达给台下所有听众，这让他的演说更有价值。

平生第一堂演讲课，我依然记忆犹新。老师让我将两臂自然放于身体两侧，手指自然弯曲，掌心向后，使大拇指刚好能触碰到大腿。他还教我举起手臂在空中划出一道优雅的曲线，手腕也随之优雅地转动，接着伸出食指、中指，最后是小指。以美学标准完成这套动作后，再将两臂自然放回于身体两侧。现在看来，这套机械化的动作蹩脚而枯燥，更谈不上演说所需的激情四射和诚意满满。

试着将这些与本节所讲的三个方法相比较一下，相信很快便能看出优劣。这二个方法可以说是我演讲培训课程的核心方案。本书以下章节里会继续详细探讨。

## 【经典摘录】

一个能引起大家兴趣的话题未必就能做到满怀热情地去讲演。如，虽然我坚信自己动手，丰衣足食，但如果就洗盘子这件事来激情演讲一番，我是无论如何也做不到的。家庭主妇就不一样了，我听过他们热情洋溢地演讲过这个问题，可能是洗盘子是她们一辈子都要做的事业，这既让她们愤恨又不得不去探讨处理这项家务的方法。不管怎样，她们的确乐于讨论，所以即使是洗盘子这种在我看来枯燥的话题，她们也能生动有趣地发表演讲。

## 【本节解读】

毫无疑问，一场成功的演讲是由演讲词、演讲者和听众三大要素构成。卡耐基先生经过多年的教学经验，将他的智慧和经验浓缩成三大演讲捷径，并慷慨地与我们分享。他的指导涵盖了演讲词的内容、演讲者对舞台风格的把握以及与听众的互动等关键因素。

卡耐基教导大家演讲词的内容要从自己的亲身经历和身边的事情谈起，这能极大的引起听众的兴趣，并拉近与听众的距离。谈论自己的亲身经历，更具有说服力，因为它能确保演讲的真实性和实用价值。他认为一个成功的演讲必须基于真实的观察和深入的思考，只有这样，演讲词才富有深度、有力量，而不会夸夸其谈、不切实际。从自身经历讲起的故事，往往能为听众提供使用价值和信息，帮助他们解决实际生活中的问题。

卡耐基认为，成功的演讲要想打动听众，首先演讲者自己就应该对演讲的内容充满激情，比如对于家庭主妇而言，只要拥有足够的激情和热爱，她们能把刷盘子洗碗这种事讲得津津有味。这为我们指出两点信息：一、演讲者对自己熟悉的领域往往更从容自信，也更容易讲出思考深度，更容易激情投入；二、激情的演讲总能引发听众的共鸣，激发听众的思考。因此，演讲新手如果想要把握台风，最好从自己熟悉的领域讲起，这能让你更加自信，从而赢得听众的信任和尊重，引发听众的共鸣，激发他们的思考。同时，演讲者也需要调控自己的声音、表情和肢体语言，从而有效地传达信息。

卡耐基先生在本节最后谈起了自己平生第一堂演讲课，他说老师教给他一套严格的肢体动作，但现在看来这套机械化的动作蹩脚而枯燥，毫无诚意，更束缚了他的激情演绎。说明一个好的演讲者，是不能被固定模式所套用的，自由发挥才是最能唤醒观众共鸣的技巧。怎样才能做到自由发挥，这需要演讲者站在听众的角度，想象一下听众最想听到的内容是什么。在演讲的过程中，也需要对听众的反应保持敏感，增强与听众的互动，从而灵活机动地调整演讲方式和内容。

更重要的是，要让听众觉得他们在这场演讲中，同样扮演着重要的角色，让他们感受到作为听众的理解和被重视。

卡耐基先生的这些经验和观察，为人们提供了在进行公众演讲时需要注意的关键因素，打开了通向演讲成功的大门。你只需把握住这些关键因素，就可以在演讲的舞台上尽情展示自己的才华和智慧。

# 第二章
# 最受欢迎的沟通技巧

本章讨论的是演讲中的三角关系，即每个演讲情境中的三个方面。首先是演讲本身，我们将了解演讲内容以及如何从我们的经验中重新塑造它。其次是演讲者，我们将探讨如何激发演讲表达所需的心智、身体和声音特征。第三方面是听众，他们是演讲的目标对象，也是演讲者信息是否成功的最终裁决者。

# 第一节　做好充足的准备

这里再次强调准备的重要性，因为一场充分准备过的演讲必然是成功且优秀的。反之，经验再老道的人，没有做好充分的准备，都注定要承受演讲失败的后果。

准备演讲并非写一篇充满溢美之词的演讲稿，它不是华丽辞藻的无意义的堆砌。我所认为的"准备"是让你准备只属于你的思想、理念、原动力等东西，并将其有机结合。我所说的这些东西可能早已经在你的大脑深处了，有时还会以梦境的形式杂乱无章地冒出来，而你只需要将它们有条理地排列好，就像修剪你心爱的草坪一样。这很难吗？一点也不，只要付出一丁点的专注和思考就可以了。

要如何才能准备出一份捕获听众的演讲稿呢？请按照以下我所介绍的方法去做吧！

## 一、主题明确，内容不散漫

记得多年前有一位哲学博士和一个英国海军退役军人在我们的培训班同期学习。博士在大学任教，文质彬彬、温文尔雅，退役军人如今是个小摊贩，言行粗鲁、豪迈仗义。令人费解的是，在整个课程中，小摊贩的演说魅力四射，远远超过大学教授。怎么会这样呢？大学教授的演讲词藻华丽、姿态优雅，且语速平稳，十分考究。不过他有一个致命的缺点，就是内容散漫，没有灵魂，像一场泛泛的空谈，毫无吸引力。小摊贩的情况却恰恰相反，他总是开门见山，表达具体，用词鲜明，再加上他身上所特有的豪迈万丈的军人气质，立刻捕获了听众的认可。举这个例子不是为了比较那位大学教授和小贩，而是想要告诉你，一个人只有做到语言具体明确，才能做出好的演讲，而这跟受教育程度并没有直接的关系。

主题明确真的很重要，下面还会列举几个案例以加深它在你头脑中的印象。当你准备演讲时，务必要时时提醒自己。

这就好比我们在谈论马丁·路德的童年时期，同样的两种说法，所收到的效果却是截然不同的。我们可以说他"顽皮而倔强"，也可以这样表达："成年后的马丁·路德回忆他小时候经常被老师打手心，有时一上午就要打 15 次之多。"两种说法，显然后面的说法更加生动、吸引人，因为像"15 次"这样的明确而具体的数字，显然将他的"顽皮而倔强"生动形象得描述了出来。

以前人们在写传记时常常会犯概念模糊的错误，正如亚里士多德总结的那样，成了"懦弱思想的避难所"，如今应该完全抛弃这种方法。如过去会这样写"约翰有一位贫穷但诚实的父亲"，而今则应该这样去表达："约翰的父亲穷困潦倒，甚至连一双鞋套也买不起，下雪时只能用麻袋片将鞋子包裹，用来御寒和防潮。尽管一贫如洗，但他从未想过往牛奶中注水，以次充好去出售。"这样将约翰父亲的贫穷和正直的品格描述得更加形象。

这种方法不仅适用于传记写作，对演讲者来说也十分奏效。

## 二、把题材范围化

一旦选定主题后，首先要做的是合理规划演讲内容的范围，切忌不要试图用几分钟的时间讲述天文地理。曾有个年轻人要做一个两分钟的演讲，但他选的题目却是"从公元前 500 年的雅典到朝鲜战争"。这个选题糟透了，可怜的年轻人刚讲完雅典的建筑就已经到时了，最后不得不尴尬的返回座位。

在我看来，过多的演讲内容反而会分散听众的注意力。为什么这么说呢？因为人的耐心十分有限，往往不能在一连串单调的事情上集中思想。好比你读一本世界年鉴，不出两分钟，听众的思绪便都飘走了。这就不如选一个简单的题目，以"黄石公园游记"为例，大部分演讲者如果做的是一个全面而详细的景点描述，不肯遗漏一处，那么听众很快会被搞得头晕目眩，不知所云。那就不如把演讲的内容只限定在某一方面，如黄石公园的泉水或野生动物，这样的演说一定会给人留下深刻的印象，即使观众没有去过黄石公园，也会因为你的演讲产生如身临其境般的感受。

此条适用于任何演讲题目，销售、烹饪、税收、火药等，都值得参考。演讲之前，先慎重选择可用的素材，然后给题目限定一个范围，以确保不会超时。一般来说，五分钟的演讲，只要讲明一两个问题即可，三个问题以上，则需要延长至 30 分钟。不过，演讲时间越长，演讲内容越多，越容易出错。

## 三、准备周密

蜻蜓点水般的演讲固然要比做一次深刻剖析简单得多，但所收获的听众也会少很多，因为这一定不会给听众留下深刻印象。合理规划好演讲范围后，先试着扪心自问，自己是否坚信这个观点并理直气壮地告诉听众，自己又是否能在生活中贯彻执行并论证这个观点呢？回答这些问题的过程就是在充分地准备演讲的过程。就像植物天才路德·博潘为了培育所需的一两种顶级品种会不辞辛苦地栽植一百万个品种。周密地准备演讲，就是要有这种精神，围绕主题搜集一百个相关资料，充分吸收后舍弃掉没用的九十个。

畅销书作家约翰·肯特在谈到写作与演说的准备工作时说道："在只需要一份材料就可以的情况下，我往往会准备 10 份或 100 份材料。"他以自己的实际行动证明了此观点。

1956 年，约翰准备写一系列有关精神病院的文章，于是四处寻访各种精神病院，并与医护人员深谈。我的一个朋友曾作为助手与他同行，帮助他搜集整理资料。他曾向我诉说，他与约翰一起奔走在各个医院，医院的各栋楼里，不知走了多少路。约翰则记录了好几本笔记，他的工作室里各级政府和医院的调查报告、统计资料堆积如山。

朋友最后说道："约翰最终写出四篇短文，简短而生动，每一篇都可以拿来作为演讲素材。那薄薄几页纸的背后，是数不清的资料和密密麻麻的笔记，加起来不少于二十磅。"

肯特先生绝对是个成功的淘金者，他十分清楚自己应该挖掘什么，淘汰什么，为此他不会放过任何一个角落。会不遗余力地去做，而后找到所需的金砂。

有位朋友是外科医生，他是这样形容的："我能在 10 分钟内教会你割去盲肠，但要教会你临床应对至少需要四年的时间。"演讲正是如此，周密的准备总不会错，因为它会让你灵活应对各种突变，如当上一名演讲者所讲的观点与你雷同时，你不得不临时修改演讲稿的侧重点，改变论调，或增加与观众的互动等。

越早定好题目，越能进行充分的准备，千万不要拖延到登台的前一两天。当你定好题目后，你随时随地都可以进行准备，哪怕这种准备停留在潜意识里。每天工作的闲暇时间，就可以深入思索你的题目，推敲演讲的观点，琢磨要传达给观众的理念。要知道，大多数的灵感都来自这种时间碎片，如等待公交、乘坐地铁时，头脑里的灵光一闪往往能成为制胜法宝。

最杰出的演讲家诺曼·托马斯，即便面对激烈的反驳者，他也能很好的掌控局面，赢得对方的尊重和信服。究竟是怎样做到的呢？他是这样回答的："慎重对待你的演讲，与你选择的题目融为一体，在大脑中反复揣摩你的观点。这时你将不难发现，无论走路还是逛街，抑或是睡梦中，你都在思考与演讲有关的事情。平庸的思考造就平淡无奇的演讲，精辟的思考造就精彩绝伦的演讲。"

当你全身心投入演讲这件事上时，它就会对你产生强烈的吸引力，于是你莫名地想把大脑里的东西写下来。然而一旦你真的这么做了，演讲似乎就定了型，你就很难再从稿子里跳出来，甚至容易犯背诵演讲稿的错误。马克·吐温就曾反对背诵演讲稿："写到纸上的东西往往生硬、呆板，不适合演讲。演讲的目的是得到听众的认可，而不是说教听众，因此它应该是柔软的口语化的东西，反之，你可能会得到满堂听众的反对。"

伟大的发明家查尔斯·吉德利，是通用汽车公司的缔造者，也是全美最著名的演讲家之一。他就从来不写演讲稿，他是这样说的："我所演讲的内容过于重要，以至于无法写在纸上。我是要将毕生的经验写在听众的脑海中，镌刻在他们的情感里。我和听众的情感交流，区区一张薄纸实在无法承受其重量。"

## 四、用实例论证

鲁道夫·富利奇有一本讲解写作技巧的书，书中这样写道："只有故事才能打动读者。"他还以《时代周刊》和《读者文摘》为例来论证他的观点。

鲁道夫·富利奇在书中这样写道："只有故事才能真正吸引读者。"他以《时代杂志》和《读者文摘》两本书为例来阐述如何理解他的话。这两份杂志之所以长期雄踞榜首，正是因为他所采用的稿子几乎全是叙述性的文字，里面讲述的都是妙趣横生的故事。当众演讲时，故事性的讲述方式同样能抓住听众的注意力。

诺曼·文森特·皮埃尔的演讲因电视和电台的传播而家喻户晓，他就表示喜欢用实例来论证自己的观点。他在接受《演讲季刊》的采访时曾说："以我的经验来说，举几个真实案例是演讲最有效的方法，它能让你的观点明确、生动有趣。"

读过我作品的人都知道，我也深谙此方法。在《人性的弱点》一书中，我所阐述的观点、规则的文字往往不到两页，其余的页码写满了我所知道的故事，这些能够帮助你去理解和应用它们于实际生活中。

列举实例有没有什么好的技巧呢？请掌握以下五个原则：人性化、真实化、具体化、戏剧化和视觉化。

### 1.演讲内容具有人情味

我曾以"成功之路"为名，为一群在法国经商的美国企业界人士安排了一次演讲。大部分人的演讲都停留在追求成功的高谈阔论上，如努力工作、坚持理想、志向远大等。于是，我立刻中止了演讲，跟他们说道："永远不要企图用说教来吸引听众，这会让你的演讲毫无意义。这个世界多的是有趣的名人轶事。你可以讲述两个不同轨迹的人的人生经历，告诉大家为什么一个取得了成功，另外一个却彻底失败。只有这种论述才能激发听众的兴趣，让他们愉快地接受你的观点和论断，并且从中受益。"

这个班上的一位学员一直认为通过演讲来激起自己和群众的兴趣很难，但那天晚上，他做到了，并向我们讲述了两个大学同学的事例。

他的两个同学，一个天生谨慎小心，从不到同一家商店买衬衣，还会将不同店购买的衬衣特点做成一个详细的统计表，表上列举了各家衬衫的洗熨、耐磨损能力，从而让自己花出每一块钱都物有所值。结果，他把大把的时间都浪费在了这种鸡毛蒜皮的事情上。大学毕业后，其他同学都老老实实从基层职位干起，而他却待价而沽。在三年后的同学聚会上，他仍然在等待好工作从天而降，拿得出手的仍然是那张关于衬衣洗熨的统计表。然后他的余生一直在愤世嫉俗中度过，至今仍挣扎在基层岗位。

这位演说者的另外一个同学则实现了他年轻时种下的所有理想，甚至超越理想，获得了更高的成就。这位同学为人随和，与人为善，毕业后从一名绘图员做起，但他心怀远大志向，一直伺机而动。纽约市举办世界博览会那年，他果断辞掉了费城的工作，去纽约应聘筹办世博会的工程人才，结果他与合伙人一起承包了很多电话公司的业务。最后，这位同学收到"博览会"的高薪聘请函。

我在这里只是简单转述了一部分该学员的演讲内容，事实上在他的演讲上，我还听到了许多妙趣横生的细节描述。他就那么沉浸在演讲中，奇怪的是，平时连三分钟的演讲资料都找不到的人，结束时却发现自己足足讲了 10 分钟。因为讲得太精彩，以至于台下的听众都觉得意犹未尽。就这样他平生第一次完成了出色的演讲。

这个故事给我们所有人以深刻启示，如果演讲内容一直停留在虚无的论点阐述上，那么听众一定不会感兴趣，但如果你给所谈论的内容加一些人性化的东西，那么就能成功吸引听众的注意力。在我们所生活的国度，每个角落，每一场交谈，无论是办公室里正式的会晤还是后花园的寒暄，每天所进行的交谈，难道都是在谈论某种观点或某种理论吗？当然不是，大家大多是在议论谁家的太太干了怎样的一件蠢事，谁家的小姐又见了什么人等等。

我曾在美国、加拿大成功举办过多次演讲，这些丰富的演讲经验告诉我，只有在谈论到与人相关的问题时，听众的眼睛才会熠熠发光，尤其当台下的听众都是孩子时，那些抽象的、泛泛的大道理往往让他们坐立难安，于是有人要去卫生间，有人开始捣乱，有人被欺负哭了……

怎样才能让你的演讲更吸引人呢？故事中一定要有励志的成分，可以讲讲某个人的奋斗史或成功史，我敢保证，所有人都会感兴趣。你看小说或电影中，两个绅士为追求同一位小姐而决斗的情节任何人都为之着迷，然而一旦男主角抱得美人归，观众们便开始整理衣衫准备退场了。5 分钟后，清洁工便可以打扫电影院了。

富有人情味的素材从哪里来呢？其实就在我们每个人的生活经历中。不要因为谈论的是自己就畏首畏尾，只有不知天高地厚吹嘘自己的狂徒才令人生厌，除此之外，所有演讲者亲身经历的故事都令人期待。你的亲身经历一定充满了真情实感，而这是演讲过程中最有力的武器，千万不能忽视。

### 2. 做到演讲内容真实可信

演讲中所引用的案例，最好要使用真人真事，若是为了保护当事人的隐私和人身安全，也可以用化名代替。诸如"史密斯先生""珍妮小姐"这样大众化的名字比使用"某个人"效果要生动形象得多。真实姓名具有具体的识别功能，正如阿道夫·富利奇说的那样，"没有什么代称能比姓名更能增添故事的真实性了。如果一个故事的主人公连名字都没有，那听起来有什么意思？"

一旦你的演讲中提到众多的名字和具体的称呼，人们便会代入其中，相信你的言论是真实可靠的，那么你滔滔不绝的演讲便像一杯浓郁的咖啡一样吸引着听众的嗅觉。

### 3. 把演讲故事细节化

有人会问，把故事做到细节化，那么是否有一个标准呢？这里，我认为可以将新闻记者撰写稿件时所遵循的"五要素"拿来一用，即时间、地点、人物、事件、原因。你要列举的故事如果包含五要素，那么就已最大限度地做到了细节化。下面我列举一篇发表在《读者文摘》上的趣事来详细论证这个问题：

"大学毕业后的前两年，我在南加州四处奔波，做过铁甲公司的推销员。由于工作需要，我必须搭乘运货卡车去往各地出差。一次，我不得不在莱德菲尔逗留两个小时，以便搭上我要乘坐的货车，但莱德菲尔又不在我的推销区域，所以我没有权力在那里施展工作。闲来无事，我想到明年我就要前往纽约的美国戏剧艺术学院念书了，不如利用这两个小时的时间锻炼一下自己的表达能力。于是大庭广众之下，我开始表演莎士比亚的戏剧《麦克白》。我举起双臂，特意模仿喜剧声腔喊道：'在我眼前的是一把匕首吗？刀柄正冲我而来！来吧，让我抓住你：即便我抓不住你，也会一直盯着你！'"

"就在我沉醉于自己深情的表演时，突然四名警察向我扑来，大声质问我为何要当众恐吓妇女。我大吃一惊，不明白这是什么缘由，仿佛我持枪抢劫了一样。原来，离我一百码的地方有位家庭主妇，一直透过窗子观察我的一举一动，她感觉不妙便报了警，闻讯而来的警察刚好听到我在念这段关于匕首的台词，于是就有了以上情节。我极力向警察澄清，自己正在排练莎士比亚的戏剧，但他们就是不相信，直到我出示了铁甲公司的订货单，他们才停止了盘问。"

故事结束，现在请大家回想一下，这则有趣的小故事是怎么处理"五要素"的呢？过多的细枝末节还不如没有细节，大家一定有过被冗长的细节搞到不知所云的情况。在这个小故事中，五要素中的任何一个问题，我都做了简明扼要的处理，因为如果演讲的细节过多，听众的注意力便会被扰乱。一次演讲成功与否，很大程度决定于听众的关注度。

### 4. 把演讲语言戏剧化

假设，你要举例说明自己是如何利用沟通技巧来平息顾客的愤怒的，那么你很可能会这样进行开场白：

就在前几天，一位顾客怒气冲冲地闯进我的办公室，原来他一周前在我这里购买的商品已经不能正常使用了。我一再向他保证自己一定会解决这个问题。几分钟后，他终于平静下来，相信了我的承诺。

这段叙述符合五要素的表达，已十分详细，但它缺少了当事人的姓名和具体情况，也没有将整件事鲜活立体地呈现在听众面前。那么，对照上面的描述，我们可以稍加改善：

上周二，当我正在办公室整理文件时，门突然"咣"得一声被打开了。查尔斯正怒气冲冲地站在门口，这是我的一位顾客。我正要开口，他却率先咆哮起来："艾德，现在马上把你那倒霉的洗衣机搬出我的地下室！"

我心平气和地问他究竟发生了什么，然而愤怒扰乱了他的思绪，他的表达东拉西扯不知所云。"那个倒霉的东西根本不能转，衣服全纠缠到了一起，它唯一可以做的就是把我妻子气得抓狂。我以后再也不会买你们的电器了，再也不会了。"他一边咆哮着一边气得直跺脚。

我把盛怒之下的查尔斯拉到沙发上，奉上一杯水，等他情绪缓和后，他慢慢告诉了我详情。我是这样与他沟通的："查尔斯，只要你坐下来把事情的前因后果告诉我，我保证答应你所有要求，好吗？"就这样，我们总算心平气和地解决了这件事。

虽然并不是每次演讲都适合把人物对白加进去，但从上文可以看出，人物对白可以起到增添戏剧效果的作用。如果演讲者再有一点点模仿天赋的话，再现当事人的语调深情，那么效果更加不同凡响。如果这种对话来自日常生活，那么你的演说会更具真实性，十分容易赢得听众的信服。成功的演讲者往往能够给听众这样一种感觉，他仿佛就坐在你桌子对面与你亲切交流。演讲者最忌讳的是以学识渊博的老学究或骄傲自大的演说家自居。

## 5. 把演讲变成视觉盛宴

心理学家研究发现，人类85%以上的知识都是由视觉神经传递到大脑的，所以我们总是对电视上的广告情有独钟。其实当众演讲也一样，成功的演讲不仅是一门听觉艺术，更是一场视觉盛宴。就算你不厌其烦地讲解几小时的高尔夫挥杆技巧，听众却早已不耐烦地将注意力转移。不如结合动作当众示范一下球技，观众一定会觉得耳目一新，提起兴趣来。

我们曾经为广大工友们组织了一场演讲，至今让我难忘，因为演讲者向听众们展示了各种有趣的视觉刺激，收获了十足的演讲效果。有一位演讲者模仿认真工作着的视察员和效率专家等，他们检查机器时的手势和动作让人忍俊不禁，即便是在电视上我也从没看过这么搞笑的画面。这场戏剧表演，即使到现在都记忆犹新。

以英国历史学家麦克莱谴责查理一世的著名演讲为例，他不但使用了大量的修辞，更极具画面感，拥有很好的视听效果：

"当我们指控他违背国王的誓言时，有人却纠正说他至少坚守了婚姻的誓言；当我们指控他沦为一个背叛子民的残酷暴君时，有人却狡辩他至少还是个慈爱的父亲；当我们指控他违背《权利请愿书》的条约是，有人辩护说他凌晨六点就起来祷告。他凡·戴克式的服装、英俊的脸庞、尖瘦的下巴，以及他的臭名昭著都要归功于这个伟大的时代。"

想要把演讲变为一场视觉盛宴，告诉你一个好办法，就是在演讲前问问自己这个问题，然后尽可能地去展示。其实对于演讲者来说，演讲的目的说到底就是为了把握听众的注意力，但人们经常将其忽视或遗忘。现在尽管照我说的，用生动的字眼把演讲描绘成一幅图画，让它立体地浮现在听众面前；如果只使用枯燥、单调的字眼，那么你将得到一片昏昏欲睡的听众。

一定要在脑海里勾勒出画面，这个画面看不到摸不着，但当它像空气一样弥漫在演讲之中时，便能起到立竿见影的效果，立刻愉悦众人。阿尔伯特·斯宾萨在他的著作中说，美妙的文字可以在读者脑海中营造画面感，书中写到：

人们一般不习惯抽象思考，而是习惯根据具体形象来思考……如果采取以下表述方式必然是不妥的：一个民族的民俗风情是野蛮未开化的，那么他们的刑罚也必然是残酷的。当我们换一种方式表述：一个国家好战善斗，并以观看角斗士的厮杀取乐，那么它的刑罚也必然是残酷的，如绞刑、炮烙之刑等。

莎士比亚的作品之所以读之而产生丰富的画面感，就是因为字里行间到处都是这样的例子。一个普通的写作者，可能会将一件简单的事情过度描写，这便是画蛇添足。看看莎士比亚是怎样用文字进行贴切描述的呢？他的文字总是生动精致、富有诗意："正如给纯金镀金，给百合花上色，给紫罗兰喷洒香水。"

越是经久不衰的格言越是富有画面感，如：

一鸟在手，强过二鸟在林；

不鸣则已，一鸣惊人；

好马临水不饮，主人也没招；

而我们今天依然经常使用的古代经典比喻，也极具画面感，如：

像狐狸一样狡猾；

僵硬得如同一枚门钉；

呆板得如同薄煎饼；

硬如磐石。

林肯讲话也是画面感十足的。白宫办公桌上每天都会摆满各种冗长枯燥的官方报告，心情烦闷时它就会讽刺这些没用的文件，即便如此，它的用词也相当与众不同。他会说："当我派人去买马，我不会想知道他向我汇报马尾巴上有多少根毛，我只需要知道马的特征即可。"

你有一双发现美的慧眼，才能在脑海中勾勒出栩栩如生的画面。如当人们听见"狗"这个词语时，脑海中就会勾勒出一只毛茸茸、短腿、耳朵耷拉着的猎狗模样，当然也可能是一只苏格兰猎犬或其他什么品种的犬。如果演说者具体谈到的是"牛头犬"，那么你脑海中勾勒出的那个画面一定更加具体准确。

再如，"一匹黑色雪特兰小驹"要比"一匹马"更容易具有画面感；"一只白色花点跛脚矮公鸡"必然比"一只鸡"更加形象逼真。小威廉·斯特朗在他的著作中写道："文学家有一个共同特征，那就是善于吸引读者的注意力，叙述详尽、表达具体、描述准确。古往今来，最杰出的作家如荷马、但丁、莎士比亚等，无一例外都是表达的高手。他们的描述总能在读者心中营造出丰富的画面来。"演讲其实也一样。

如果你只是平铺直叙地告诉大家尼亚加拉大瀑布每天都在浪费惊人的能量，而这些能量如果能得到合理的利用，其巨大的收益将会解决很多人的温饱问题。这样的说法容易让人感到乏味，不如效仿埃德温·罗森在某新闻报上所作的报道：

我们的国家目前仍有几百万人食不果腹、衣不蔽体，然而尼亚加拉大瀑布每天却在浪费着巨大的能量，它每流一个小时，就相当于25万个面包化为乌有，60万枚鸡蛋从悬崖奔流至下，摔得粉身碎骨。换个角度，如果把卡耐基图书馆置于瀑布底下，不出两个小时就注满了水；一家百货商场从上游顺流而下，顷刻间所有商品都会冲到160英尺的巨岩上。试想一下，一旦想象变为现实，这将是多么壮观的景象啊！甚至不需要任何人工维护费！

"25万个面包""60万枚鸡蛋""粉身碎骨"……这些具象的词语表达构成震撼力的画面，拒绝这样的演讲，就像拒绝一场电影院正放映的最卖座的电影。

以上本书所强调的所有当众演讲的技巧，同样适用于闲暇时的交流。无论你从事哪种职业，想要成为哪种人，首先都要成为一个高超的交谈者，那么请务必遵循本书的建议。下面，我们通过这则获过奖的演讲来证实以上提到的所有建议：

一百四十多年前，伟大的美利坚合众国在我的家乡费城诞生了。费城，一个有着如此辉煌历史的城市，势必会有着深深的爱国情怀，它曾立志成为全美最发达的经济中心，它曾扬言成为全美最美丽的城市之一。

这个拥有两百万人口的城市，土地面积相当于波士顿和密尔沃基，或巴黎和柏林的面积之和。在这片广袤的土地上，我们规划了最佳的土地去建设公园、广场和林荫大道等足以让费城市民生活惬意的休闲娱乐场所。

在座的朋友们、同胞们，费城不仅仅充满活力，它还是举世闻名的"世界工厂"。这里有9000多家企业，拥有40万辛勤劳作的工人，每10分钟他们就能生产出价值10万美元的产品。根据统计学家的调查显示，在木制品、皮革品、纺织品、五金制品和其他各类产品的产量，美国没有其他城市能与之相比。费城人民平均每两个小时就完成一个火车机车头的制造工作，美国一半以上的人口乘坐的火车都出自费城。这里，每分钟就能生产出1000支雪茄，去年一年的袜子产量可供所有的美国人，不论男女老少，人均两双。费城银行去年的贸易总金额达到了370亿美元，而这个数字正是第一次世界大战期间美国发行的战时公债的数字。

在座的朋友们、同胞们，我们绝对有理由为费城所取得的经济成就而感到自豪，也绝对有理由为费城在公益、医疗等事业上的进步而拍手叫好，然而让我们最深感荣耀的是费城的商业住宅量在国际大都市中独占鳌头。这三十九万七千栋商业住宅，如果一栋接一栋一字排开，可以从费城沿堪萨斯市一直到丹佛。

费城历来实行民主，这里从不是君主制的温床。因此，我们现今所拥有的一切都是建立在民主、自由的基础上的，这是明智的费城祖先留给我们最宝贵的财富。费城，是美国之母，是自由的根基。第一面美国国旗在这里飘扬；第一届国会在这里召开；伟大的《独立宣言》在这里签署；雄厚的自由之钟在这里敲响，激励着费城子民为自由而战。费城的每一位市民都肩负重任，负责传递美国精神，让自由的火种永不熄灭。

现在，我们像在课堂上一样讨论这篇演讲稿。它结构分明、首尾呼应，这很难得。它观点明确，从开头到结尾，起承转合，既简明扼要又不显得急功近利。从文风上看，这篇演讲稿激情四射、魅力十足。从一开始就指出费城与众不同的出身，即美国的诞生地。然后，他又通过几个方面论证了费城的与众不同，这种描述并非平铺直叙，而是立体又生动，如在形容费城的面积时用了几座城市来予以对比，人们在惊讶的同时会更有兴趣继续往下听，这要比写一整篇统计数字要来得实际。这位演讲者无疑进行了一场精彩绝伦的演讲。

接着，他认为费城是"世界工厂"，为了证明自己并非夸口，他列举了一连串的例子，就像在为费城作宣传。尤其"美国一半以上的人乘坐的火车都来自费城"这句，听完会让你恍然大悟，甚至暗下决心，下次乘火车的时候一定要留意该列火车的产地。

接着，演讲者并没有围绕费城的面积和制造业逗留过久，而是头也不回地继续向前，就像刚刚提到的费城火车一样勇往直前。是的，他介绍了费城最强大的建筑业，并且第一次使用了一个确切的数字"三十九万七千栋"，然后将这串数字做了一个形象的描述，即"把这些住宅楼一栋接一栋地一字排开，可以从费城沿堪萨斯市，通向丹佛"。有了这句话，人们早就放弃了数字计算，因为这样的描述早已在听众的脑海中勾勒出画面。演讲的确需要冰冷的数字，但高明的演讲者绝不会在数字上浪费情感。

接下来这段，演讲者通过高呼"自由"而实现了本场演讲的小高潮。自由不仅仅是美国的根基，从古至今，不知多少先知为此献出生命。到这里，听众的情感已经被激起，但他紧接着又用了一连串的排比句，这些排比句一句比一句更能掀起情感的共鸣，"第一面国旗""第一届国会""《独立宣言》"，这些宝贵的历史，一幕幕都曾发生在费城，是美国人民心中最神圣的记忆。正当听众感慨良多时，"费城的每一位市民都肩负重任，负责传递美国精神，让自由的火种永不熄灭"，他以一句慷慨激昂的话语点燃了全场的热情，引发了听众的共鸣。

正如我们所解读的，这篇演讲稿有许多值得我们学习的地方。最值得借鉴的是，演讲者始终报以最大的热忱展现在听众面前，这正是它在众多的竞争者中脱颖而出，获得"芝加哥杯"的原因。

【经典摘录】

心理学家研究发现，人类 85% 以上的知识都是由视觉神经传递到大脑的，所以我们总是对电视上的广告情有独钟。其实当众演讲也一样，成功的演讲不仅是一门听觉艺术，更是一场视觉盛宴。

【本节解读】

本节是卡耐基先生第三次强调演讲前准备工作的重要性，这一次，他为有效的准备工作总结出了方法技巧。正如他所说的，准备演讲并非让你写出一篇充满溢美之词的演讲稿，这种演讲稿只不过是华丽辞藻的无意义堆砌。真正有效的"准备"是要让演讲者理顺那些只属于自己的思想、理念、原动力等东西。这些东西并不是凭空而来的，它们往往早已经存在于你的大脑深处，只不过形式有些杂乱无章，因此需要你花费一些时间将其有条理地排列整齐，再从你的大脑中提炼出来。

一个好的演讲必须确立一个清晰而有力的主题。这需要人们深入挖掘自己的思想，找出那个能够吸引听众、激发自己和听众热情的主题。一旦确定了主题，演讲的内容将不再散漫，而是有了明确的方向和目标，不再是一场泛泛的空谈。他还举了两个例子，以说明能吸引人注意力的演讲该怎样去表达。

好的准备工作，还要确定题材范围和深度。准备工作不能只满足于浅尝辄止，应深入全面地研究主题，了解其背景、相关理论、重要观点等等，这样才能把握好演讲的时间、控制好场面。比如一个两分钟的演讲，却拟定了一个"从公元前 500 年的雅典到朝鲜战争"的题目，两分钟的演讲怎能涵盖两千多年的时间脉络，和半个地球的空间距离呢？显然，这样的演讲还未曾上台就已经注定失败了。

卡耐基先生通过举例强调了演讲应当以真实案例和经验来支持你的观点。这些例子可以是你的亲身经历，也可以是你在研究中发现的有趣的事例。通过这些例子，可以让你的观点更加生动和有说服力。那么，列举实例有什么好的技巧吗？卡耐基先生总结出了五大原则，即人性化、真实化、具体化、戏剧化和视觉化，并以实例指出演讲内容要具有人情味；演讲内容要做到真实可信，最好要用真实的姓名和地址；列举的案例故事要做到细节化，至少要像新闻记者撰写稿件时将事件的时间、地点、人物、事件、原因五要素讲述出来；讲述故事除了要符合五要素的表达，演讲者还可以适当模仿一点人物对白，以便将整件事鲜活立体地呈现在听众面前；当一场演讲陷入枯燥乏味的听觉输入时，很容易使观众转移注意力，这时不如适当结合动作表演，给人以视觉享受。

卡耐基先生的建议提供了一个有用的框架，按照这个框架，人们可以进行有效的演讲准备。在这个过程中，演讲者必须认识到，演讲的成功并不取决于华丽的词藻，而是取决于演讲者是否能够清晰、有序地表达出自己的思想和观点。

# 第二节　让语言充满活力

演讲者的热情洋溢、活力四射是演讲成功的必要条件，只有这样听众的情绪才会被充分调动起来。我在面试演讲老师时，首先要看的就是这个人是否充满活力和足够热情。活力四射的人对大多数人而言都具有足够的吸引力，就像丰收的麦田之于麻雀一样。

第一次世界大战后，我曾在伦敦与一名叫罗威尔·托马斯的演讲家共事。那时，托马斯正以"阿拉伯的劳伦斯"为话题展开一系列演讲，几乎每一场演讲都座无虚席、精彩绝伦。在一个星期天的早晨，我闲来无事，便漫步走到了著名的海德公园。这是演讲者的园地，不分种族、肤色、政治和宗教信仰，人们可以随意发表言论，不用负任何法律责任。一位天主教徒正上演"教皇绝对话"，我挤过人群，听到一位社会主义者正高谈阔论卡尔·马克思的思想，接着我来到第三个演讲者那里，他正在说服大家认同一夫多妻制。

但我走出人群回望这几位演讲者时，发现一个有趣的现象，大肆宣扬一夫多妻制的家伙身边，听众寥寥无几，而且本不多的几个人也已经有了向其他两个演讲者聚拢的倾向。我十分纳闷，人们为什么对他的话题不感兴趣呢？仔细观察后我才明白并非他的话题无趣，而是问题出在演讲者本身。那个鼓吹一夫多妻制的人，看起来根本就无意讨三四个老婆，而另外两个演讲者对他们所宣讲的东西报以十分虔诚的态度，他们像忠诚的信徒在充满激情地布道，信仰的力量让他们活力四射。

那么怎样才能做到活力四射从而抓住听众的注意力呢？下面我要告诉大家三个妙招，为你的演说增添光彩。

## 一、选择自己最迫切表达的话题

本书一直反复强调，选择演讲的话题一定要发自内心，要对演讲内容怀有真情实感，如果连演讲者自己都对话题提不起兴趣，又怎么能打动和说服听众呢？这个道理其实很简单，对所讲话题有过亲身体会才会对它充满热忱；对所讲话题深入思考过，那么一定就能做出深刻的阐释，何愁打动不了听众呢？

二十多年前，我在纽约的培训课程上组织学员举办过一次演讲，演讲者的热情洋溢让我至今难忘，至今无人能比，我将那次演讲定义为热情打败常理的成功典范，而且是唯一的。

这次演讲的主人公是来自纽约的一家知名企业的销售员，他所演讲的论点是，他能让兰草在无子无根的情况下生长出来。话题一出，立刻引起场下一片骚动。接着，他说他曾将山胡桃木的木灰撒在刚翻过的土地中，结果眨眼间土地里便长出了兰草，于是他深信山胡桃木灰具有神奇的磨砺，能凭空催生出兰草。

他的演讲结束后，我站起来进行了常规点评，我以平静的口吻告诉他，如果这个神奇的发现是真的，那么他将一夜暴富，而且他的名字还将载入史册，因为人类历史上，至今没有一个人能够在无生命的物质里培养出新的生命，更何况还是这种价值不菲的兰草品种。我之所以异常平静，是因为我并没有把这段荒诞不经的言论当一回事，明眼人都知道这是不可能的事。因此，在我点评完后，班上的同学也纷纷起身反驳他的谬论，然而他却一直固执己见，连一丝丝犹豫都没有。他坚信这一切都是自己亲身经历，没有半点谎言，并拿出详细的资料，一点点完善自己的论证，语气极为真诚。

我实在听不下去了，于是再次提醒他，他所说的事情根本不符合科学原理。但出人意料的是，他立刻站起来要与我打赌，赌注是5美元，并请来美国农业部专家来做公证人。令人惊奇的是，我发现竟然有好几位同学动摇了原本的想法，已经下注赌他赢了。在那种情况下，若是全班表决的话，恐怕将有一半的同学会选择支持他。我后来问这些同学，究竟改变他们想法的是什么，他们的回答出奇的一致：是来自演讲者坚定的信念。

学员们轻易动摇自己立场的行为让我感到沮丧，于是我给农业部去了一封信，厚着脸皮询问这个荒诞的问题，不出所料，回信上清楚明白地写着，要让山胡桃木灰长出兰草或其他生命是不可能的事。另外，我从信中还意外得知，那位优秀的推销员也向农业部写了信。

不管怎样，这件事让我终生难忘，因为它带给我一个关于演讲的启示，即演说者如果十分坚定自己的观点，热忱地表达自己的观点，那么他很可能取得听众的认可和支持，哪怕这个观点脱离实际，十分离谱。

台上演讲的每一位都会有这样的疑虑，究竟自己的话题能否抓住听众的耳朵。那么我来告诉你，确保听众对你的话题感兴趣的办法只有一个，就是确保自己对这个话题充满热忱。

前不久我在巴尔的摩市的培训班的演讲课上，听到一位学员在演讲中发出这样的警示：如果任由渔船在莫桑比克海湾继续滥捕石鱼，不出几年，石鱼便会灭绝。

学员通过演讲流露出对这件事的急切心情，让人们相信他对石鱼的担忧是真情流露。而我们大多数人在听他演讲之前，压根不知道莫桑比克海湾生存着石鱼这样一种生物。我相信，大多数学员在听到演讲之前都跟我一样从来没有关心过这个问题，但演讲还未结束他们就已经在想办法要联名提请立法机构对石鱼保护。

有一次，美国驻意大利大使理查德·吉尔德被问，如何才能成为一个灵感不断的创意作家。吉尔德想了想这样回答道："热爱生命，生生不息。我想我能说的仅此而已。"这样的演说家和作家，他们始终对生命报以热忱，这样的热忱怎么能不打动人呢？

我在伦敦听过一次演讲，同我一起的还有英国著名小说家E.F. 本森先生。演讲结束后，本森先生对我们说，他觉得演讲的结尾要比开头精彩得多。我问他原因，他回答道："因为演讲者讲到最后一部分时，变得激动而热情，而作为一名听众，我的热情和兴趣都来自演讲者。"

其实人人如此，下面这个例子也可以证明这一点。

一位叫做约翰的先生，曾报名参加了我在华盛顿开办的培训课程。课程开始的第一天晚上，他演讲了关于美国首都华盛顿的话题。其实，那晚他演讲的内容完全是从一本宣传手册上东拼西凑而来的，内容生硬而枯燥。约翰已经在华盛顿生活多年，却无法用切身的感受来表达他喜欢这里的原因。结果，他就那么硬着头皮把大段材料背诵下来，人们听着受罪，他自己也讲得辛苦。

两周后约翰发生了一场意外，他新买的汽车好端端地停靠在路边却不知被谁撞得七零八落，肇事司机也不知所踪。突来横祸发生他在自己身上时他才感受到其中的辛酸和苦楚。后来，他在演讲中说到这件事时，言辞激动、情真意切，愤怒地就像维苏威火山的爆发。同一讲台，仅仅隔了两个星期，听众的反应却是大相径庭：两星期前他们还痛苦难耐地忍受约翰的演讲，而现在他们竟为约翰响起了雷鸣般的掌声。

正如我所强调的那样，选对了演讲话题，就已经成功了一半。当你不知道选择什么样的话题时，有一类是最保险的，那就是谈论你所坚信的东西。无论是谁，一定都对自己的生活积攒了一些理念或信条，或许它们就存在于你的思想里，甚至都不需要绞尽脑汁去找。

前些日子有个关于死刑问题的立法听证会节目，邀请了很多证人出席，就这个问题展开了一场激烈辩论。其中一位证人是洛杉矶的一名警察，他曾亲眼看见十一位同事在与罪犯的殊死搏斗中壮烈牺牲了。想必他对这个问题已经进行过无数次的深入思考，之后一种信念在他心中萌生，就是杀人偿命，杀人者罪无可恕。

他的语气异常坚定，他的陈词情真意切，让人无以辩驳。古往今来，辩论最吸引人的地方便是演讲者坚定自己的信念以及真情流露。真情来自一种信仰，信仰来源于对该话题的切身经历和深思熟虑。

"公道自在人心，有理不在声高。"巴斯卡的这句话一针见血地道出了演讲的真谛，而我在培训班中积累了无数个案例来证明这句话。有位来自波士顿的律师，他仪表堂堂、风度翩翩，然而当学员听过他的演讲后纷纷评论他是个哗众取宠的家伙。在他浮夸的表演下，人们看不到一丝丝真诚。班里还有一位保险推销员，小个子、相貌平平，词藻既不华丽也不流畅，有时还需要停下来斟酌一下语句，但大家都十分确定这就是他的真情流露。

林肯在戏院的包间遇刺身亡已有一百年的时间，但他光辉的一生，机智幽默的语言，真诚的处事之道至今为人津津乐道。回想下，就法律知识而言，同时代的很多人都要远超于他；就人格魅力来说，他又欠缺一点精致和优雅。然而，他当年站在匹兹堡、华盛顿国会的高台上演讲，雄姿英发的模样至今无人能及。

有人抱怨自己对任何事都提不起兴趣。我对此感到惊讶，但依然会鼓励他们说："不妨让自己忙碌起来，没准就能发现自己的兴趣所在了。"结果大家继续追问："忙碌什么事呢？可否举个例子？"听到这个问题我简直要昏倒了，但还是回答："比如鸽子之类的。""鸽子？"他很诧异。看他一脸诧异，我肯定地说道："是的，是鸽子。你到广场看看，抓一点食物喂喂它们，到图书馆找点相关的资料了解一下，然后到这里跟大家演讲吧！"他照我说的做了，当他回到演讲台上时，眼睛中已没有了恐惧和忧郁，他以养鸟爱好者的热情滔滔不绝地谈论着鸽子。那次演讲，也是我听过的最有趣的演讲之一。

我这里还有一个不错的建议，一旦确定了适合自己的题目，那就尽可能多地去了解相关知识，你在他的作品中会发现越深入了解它，越对它感兴趣，热情也就越来越大。帕西·H.怀特告诫推销员，不管怎样都不能把自己都不了解的商品推销出去，他说："越深入了解一个产品的优点，那么对他的热情和信心也就越大。"这个道理同样适用于演讲，对于演讲内容，你懂得越多就越有热情。

## 二、尊重自己的真情实感

假设你想讲述一下由于自己的超速驾驶而被警察当路拦截的故事，那么你打算用旁观者的角度讲述还是以第一人称的角度重现当时的情景呢？听众最想知道的是你作为当事人被警察开罚单时的心情和感觉。显然，以旁观者的角度讲述事情经过是无法将这种真情实感表达出来的。只有用第一人称声情并茂地还原当时的情绪感受，听众才能有身临其境的感觉，才会被你的演讲所打动。

人们总是对真情实感难以拒绝，之所以去看话剧、电影，就是想要通过别人的故事来宣泄自己的情感。因此，演讲时一定要坦诚面对自己的真实感受，不要压抑情感，也不要过度渲染。一旦观众感受到你满腔的热情后，你便掌控了他们的注意力。

## 三、热忱地表达自己

当你登台演讲时，一定要自信满满，并将这种自信流露出来，不要像个走向绞刑架的罪犯。可以用大步流星来掩饰自己内心的忐忑，尽管这是一种表演，它却真的能给你带去十分不错的效果，也会给听众带去这样一种信号，你非常热切地想要开始自己的演讲。正式开始演讲前，请做一次深呼吸，昂首挺胸，下颚微扬，身体不要倚靠桌椅等旁物。坚信自己所要演讲的内容是一件有意义的事，而你正要将其展示给听众，因此你身体的每个部分都要积极配合，声音要洪亮，能穿透大厅的每个角落，还要借助手势，就像你是个大权在握的将军，让你更加自信。

唐纳德与埃里诺·雷尔德将此描述为"激发我们的反应"，这项原则适用于任何需要情感表达的场合。他们曾合著了一本《有效记忆的诀窍》，书中这样形容总统罗斯福："罗斯福的一生充满着欢声笑语，甚至带着一些欢喜雀跃、激情洋溢、莽撞热情……这些成为他的标志性特点。他处理所有的事务都带着极大的兴趣，积极忘我、全力以赴，最起码给人的感觉就是这个样子，不管他是不是在表演。"

总之，请你牢记一句话："表现出你的激情，别人才感觉到你的热忱。"

## 【经典摘录】

人们总是对真情实感难以拒绝，之所以去看话剧、电影，就是想要通过别人的故事来宣泄自己的情感。因此，演讲时一定要坦诚面对自己的真实感受，不要压抑情感，也不应过度渲染。一旦观众感受到你满腔的热情后，你便掌控了他们的注意力。

## 【本节解读】

卡耐基先生认为，一个演讲者越能热情洋溢、活力四射地进行演讲，那么这场演讲成功的概率就会很大，因为你的热情让语言充满活力，能充分调动起听众的情绪。这当然也有诀窍，卡耐基先生已将其总结如下：一是选择自己最迫切表达的话题；二是尊重自己的真情实感；三是热忱地表达自己。

演讲者需要关注那些自己真正关心和热衷的主题。当你选择一个自己也深感兴趣的主题时，你的演讲自然而然地将会充满热情，并将这份热情传达给你的听众，使他们同样对你的话题产生兴趣。例如，如果你是一位环保主义者，那么可以选择讨论气候变化的影响和应对策略等话题，对这个话题的深入了解和热衷关心将使你的演讲更具说服力和吸引力。

卡耐基多次强调，演讲不仅仅是信息的传递，更是情感的交流。当你在演讲中展现出真情实感，听众也会感受到你的真诚，从而更加信任你和接受你的观点。

热忱是演讲的灵魂。只有热忱，才能使演讲充满活力，激发听众的热情。当你对主题充满热情时，你的声音、表情、动作都会显示出你的热情，使你的演讲更具吸引力。

卡耐基先生的这三点建议为人们提供了一个有效的指导，使演讲更具活力和影响力。因此，你需要认识到这样一个事实：真正的演讲是一种情感的交流，只有当演讲者充满热情、尊重真情，选择自己真正关心的话题时，演讲才能真正影响听众。

# 第三节　与听众一起分享

听众是决定演讲成败的唯一标准，因此要把听众当成自己的合作伙伴，谦逊以待，真诚包容，从而打开听众的心扉。

拉塞·康威尔闻名遐迩的演讲《你家后院藏有钻石》曾成功发表过六千多次。许多人会想，既然重复演讲了那么多次，那么一字一句，一个手势、一个动作都该牢记于心了吧，演讲时还不是手到擒来。事情并不是像大家想象的那么简单，康威尔博士十分清楚，听众群体因人生阅历和教育水平而异，那么每次所演讲的内容就要根据这种不同而有所调整，至少要让听众觉得每一次演讲都是专门为他们准备的，才能捕获听众的注意力。那么，面对同一个话题，在每一次的演讲中，他是如何捕获听众注意力的呢？康威尔博士这样写道："当我要去某个城镇演说前，都会提前抵达那里，以便于有时间走访一下邮电局局长、饭店老板、理发师、学校校长等形形色色的人，接着去人流多的地方与当地人聊天，了解这里的历史，人们的生活经历，以及未来的发展。当我了解这一切时，才会开始演讲，谈论一些与当地居民切身相关的事情。"

康威尔博士已经完全洞悉了演讲的秘诀，那就是将听众和演讲内容相互融合，做到你中有我，我中有你。康威尔博士虽然将《你家后院藏有钻石》讲述了六千多次，但没有一句重复的内容。从这个例子中，我们应当有所启发：当你在准备一场演讲时，要弄清楚你在为谁而讲。在此我会介绍一些简单实用的小妙招，可以帮助你与听众建立起和谐友好的关系。

## 一、投观众所好

简单来说康威尔成功的关键正是投其所好，他会在每次演讲中，针对特定的人群加入与其相关的案例或趣闻。最能吸引听众兴趣的正是与自己有关、与自己生活息息相关的事。这时，在这场演讲中，演讲者和听众就建立起了紧密的联系，这个联系会让你牢牢抓住听众的注意力，从而让二者之间无障碍沟通。美国前任商会会长埃黎科·休斯顿目前在担任电影协会会长，他就十分擅长运用此技巧在自己的演讲中。我们以他在俄克拉荷马大学毕业典礼上机智幽默的演讲为例，看看他是如何运用此技巧的。

"在座的各位俄克拉荷马的同胞们，不用我说你们也知道很多言论都将俄克拉荷马造谣成一个荒芜绝望的不毛之地。甚至有谣言说，20世纪30年代，曾在此处落脚的乌鸦都会警告自己的同类，一定要避开俄克拉荷马航线，除非你能自带口粮。后来这些妖言惑众就把俄克拉荷马抹黑成了美洲新大陆的一片沙漠，并断言这里'永远不会开花结果'。然而40年代以后，谣言被打破，俄克拉荷马变成了百老汇歌颂的人间天堂，'这里微风细雨，飘荡着阵阵麦香'。"

仅仅十年时间，人们口中所说寸草不生的不毛之地，长出了一望无际的玉米田，玉米秆高得能没过大象的眼睛。

这是信仰的力量，也是合理规划、敢于冒险的结果……我们坚信，无论昨天是怎样的情况，在我们这个年代所有美好的愿望都可能变成现实。于是，为了更好地准备我此次演说，我翻阅了1901年春季版的《俄克拉荷马日报》档案。我试图探寻半个世纪以前这片土地上的生活风情。那么，我究竟发现了什么呢？我惊奇地发现，当时人们对俄克拉荷马的未来充满憧憬，心怀期待。这正是一个立足于听众兴趣而展开演讲的极佳范例。埃黎科·休斯顿（Eric Johnston）巧妙地挑选了源自听众身边的刻意冒险案例。

他从听众的生活琐事中提炼出有代表性的风险故事，与听众产生共鸣。通过关注听众的需求与兴趣，他成功地吸引了听众的目光，并引导他们关注俄克拉荷马美好的未来。他激发了人们对充满希望、欣欣向荣的未来的向往，并向听众传达了积极的信念。

这一演讲方法生动地展示了如何站在听众角度出发，引发他们的共鸣。当您准备演讲时，不妨设身处地为听众着想，深入挖掘他们的需求与兴趣所在。如此一来，您的演讲必将更加引人入胜，令人难以忘怀。他让听众感受到，他的演讲非同凡响，犹如专为他们定制的艺术瑰宝。当演讲者深谙听众兴趣之所在，观众必会如痴如醉地投入聆听。在演讲之前，不妨沉思：您对主题的精湛见解将如何助力听众解决难题、实现梦想。然后，将这一点娓娓道来，您必定能吸引到他们的目光，令他们全神贯注。

他成功地为听众带来了独一无二的体验，让他们感受到这场演讲是为他们量身定制的珍贵礼物。只要演讲者真诚关注听众的利益，观众便无法抵挡这种诚意的魅力。在准备演讲之际，请您深思：您掌握的主题知识将如何助力听众解决难题、实现目标。接下来，向听众展示这一点，您便能够牢牢抓住他们的目光，引发共鸣。

假如您是位会计大家，在演讲伊始便道出："今日，我将向诸位揭示在税收申报中如何巧妙节省50至100美元之妙法。"又或者，您是位律师智者，告诉听众如何聪慧地着手起草遗嘱，那么您定能吸引到一群热切期待的听众。诚然，在您广博的专业知识宝库中，定有某个主题能够真正地助益于您尊敬的听众。

当被追问何物最能吸引人心时，英国新闻业巨擘诺斯格利夫爵士回答道："无他，唯自己。"正是依托这个朴素真理，他建立了一个报纸帝国。在《思想的来源》一书中，詹姆士·哈维·罗宾逊将遐想描述为"一种自发且备受青睐的思考方式。"他继续指出，在遐想中，我们让思绪随心所欲，这种心境受到我们的希冀与恐惧、即兴的渴望、愿望的实现或挫败；以及我们的喜好、爱恨与怨恨的影响。对于我们而言，世间再无比自己更迷人的存在。

费城的哈洛德·怀特在一场盛宴上献上了一场卓越演说，此宴标志着我们课程的终曲。他轮番谈起围坐在圆桌四周的每个人，课程伊始时他们的发言、他们的成长历程；他追溯往昔，回忆起各位成员所发表过的演讲，所讨论过的话题；他模仿某些人，夸张他们的特点，引得满堂哄堂大笑，让每个人都感受到了欢愉。有了如此丰富的素材，他注定不会失手。这无疑是最理想的状况。天地之间，无任何话题能与此相提并论，让这群人如此着迷。怀特先生深谙如何驾驭人性之道。

数年前，我为《美国杂志》写了一系列文章，得以与当时《名人轶事》的负责人约翰·希德达交谈。"人性是自私的，"他说道，"他们主要关注自身，对于政府是否应该拥有铁路等问题并不感兴趣。但是，他们渴望知道如何获得成功，如何赚取更多薪资，如何保持健康。如果我成了杂志的编辑，"他继续说道，"我会告诉读者如何照顾牙齿、沐浴，如何在夏日保持凉爽，如何获得职位，如何处理员工，如何购买房屋，如何记忆，如何避免语法错误等。人们总是对人情故事充满兴趣，因此，我会请一些富有的人分享他们如何在房地产领域赚得百万巨款的故事。我还会邀请杰出的银行家和各大公司的总裁，讲述他们如何从基层一步步攀升到拥有权力和财富的成功经历。

不久之后，希德达被任命为该杂志的编辑。当时，该杂志的发行量很少，但希德达信守诺言，付诸实践。结果，反响惊人，杂志的发行量迅速攀升，从 20 万、30 万、40 万，一直涨到 50 万册。这正是公众所渴望的。很快，每月就有 100 万人购买该杂志，之后又涨到 150 万、最终达到 200 万。而且，这种增长势头并未停歇，而且持续了多年。

希德达成功的关键之一是他善于激发读者的自我利益。这就是演讲者需要时刻记住的事情：当你下次面对听众时，把他们想象成希望倾听你的话语对他们有所裨益。否则，你可能会面对一个不安分的、无聊的听众，他们会不停地蠕动，看着手表，殷切地盼望着逃离现场。

## 二、真诚赞赏

每位听众都是独立的个体，他们会以自己的方式对外界的声音做出反应。如果你公开批评他们，他们会感到不满，但如果你能够欣赏他们值得称赞的事情，那么你就能够打开他们的心扉，赢得他们的信任。当然，这通常需要你进行一些调查研究。那些过于虚伪的赞扬，如"这是我曾经见过的最聪明的观众"之类，往往会被大多数观众看作是虚假恭维，而不是真诚的赞美。

正如伟大的演讲家金希·特布（Chauncey M. Depew）所说，你必须"告诉他们一些他们认为你不可能知道的事情"。例如，最近有一个人在巴尔的摩市的济沃尼俱乐部演讲时，发现除了该俱乐部有一名前国际主席和一名国际托管人之外，似乎没有什么特别之处了。然而这对俱乐部的成员来说并不是新鲜事。因此，他开始采用一种新的方式来给这个俱乐部制造一些话题。他以这句话开场：

"巴尔的摩济沃尼俱乐部有 101,898 个会员！"认真听讲的会员们立刻就意识到这位演讲者弄错了——因为全球只有 2,897 个摩济沃尼俱乐部。然而演讲者是怎样轻松化解的呢？他继续说：没错，你们一定认为我在胡扯，但至少从数学上讲，你们的成员可谓是独一无二的 101,898 个中的一个。不是 10 万个中的一个，也不是 20 万个中的一个，而是精确地说 101,898 个中的一个。"

"我是如何得出这个数字的呢？要知道，摩济沃尼全球只有 2,897 个会员俱乐部啊！原来，巴尔的摩俱乐部可不是等闲之辈，竟然出了一位摩济沃尼全球的前任会长和一位国际理事。从数学上讲，任何一个摩济沃尼俱乐部同时拥有这两位大人物的概率都是 101,898 分之一哦——而我之所以知道这个数字是对的，是因为我请了一位约翰霍普金斯大学的数学博士来帮我盘算的呢。"

要做到百分之百的真诚。虚伪的陈述可能会偶尔愚弄个别人，但它永远不会愚弄整个观众群体。所以，请避免使用这些虚伪的陈述："这是一群非常聪明的观众……"、"这是一个出色的霍霍克斯的美丽骑士聚集的场所……"、"我很高兴来到这里，因为我爱你们每一个人。"如果你无法真诚地表达赞赏，请不要做出任何虚伪的表态。

## 三、与听众建立共鸣

在尽可能最短的时间内，就要建立其你与听众之间的紧密联系，最好是在你发表演讲的第一句话中就展示出来。当你被隆重地邀请发言，一定表达出这种荣幸来。豪洛特·迈克米勒在印第安纳州的盛百大学发表毕业典礼演讲时，他的第一句话便架起了沟通的桥梁。"我非常感激你们的热情欢迎，"他说，"一位英国首相受邀来到贵校实属罕见。然而，我觉得我的现任职务并非你们邀请我唯一的原因，甚至也许不是最主要的原因。"

接着他提到他的母亲是美国人，出生于印第安纳州，他的父亲是盛百大学的第一届毕业生。"我向你们保证，我无比自豪能与盛百大学建立联系，并延续家族的荣耀传统。"毫无疑问，迈克米勒提及美国学府及其母亲与先驱父亲所熟知的美国生活方式，立刻为他结交到了朋友。

另一个建立沟通的方法是在演讲中使用听众的名字。有一次，我在宴会上与主讲者同席，不禁对他对大厅中各个人物的浓厚兴趣感到惊讶。在整个晚宴期间，他不停地询问司仪一桌上那位穿蓝色西装的人是谁，或者那位戴花帽子的女士叫什么名字。当他起身发言时，他的好奇心迅速显现。他巧妙地将所了解的一些名字融入演讲中，我看到那些被提及名字的人露出了明显的喜悦之情，同时也感受到这种简单技巧为演讲者赢得了观众的热情友好。注意弗兰克·佩斯（Frank Pace）在纽约的"美国生活宗教协会"年度晚宴上作为总统发言时，是如何巧妙地利用一些名字的：

"这个夜晚对我来说，无疑是充满欢愉与意义的，"他表示，"首先，我的牧师，罗伯·艾波亚牧师就在座。他的言辞、行为和领导力一直是我、我的家人以及整个教会的精神支柱……其次，在路易·斯特劳斯和鲍勃·史蒂文森之间，这两位对宗教的热爱因对公共服务的投入而得以升华……这同样给我带来了难以言喻的愉悦……"

请注意，如果你打算在演讲中穿插陌生的名字，请务必记牢它们；确保你充分理解使用这些名字的动机；请务必以积极的方式提及它们；并适度使用。另一个让观众保持高度关注的方法是使用代词"你"而非第三人称"他们"。这样，你能让观众时刻保持自我意识，正如我之前所强调的，演讲者若想吸引并维持听众的兴趣和关注，这一点是不容忽视的。以下是我们纽约市课堂上的一位学生关于"硫酸"的演讲片段：

硫酸以种种方式伴随着你的生活。若无硫酸，你的爱车将寸步难行，因为它在煤油和汽油的提炼过程中发挥着重要作用；若无硫酸，你办公室和家中的灯光将无法照亮；当你想要沐浴时，你所使用的镍镀水龙头也离不开硫酸；而你使用的肥皂，可能就是由经酸处理的油脂制成的；若无硫酸，你梳子中的刷毛和骨胶板梳子也无法制成；就连每天亲吻你脸颊的剃须刀也是曾在硫酸中浸泡过的。

当你早晨坐下来享用早餐时，那些纯白以外的杯碟都是因为硫酸才诞生了各样的色彩。你的勺子、刀子和叉子等镀银的餐具，也必定经历过硫酸的浸泡。如此这般，硫酸遍布在你生活的每一个角落，对你产生着莫大的影响，以至于无论走到何处，你都无法摆脱它。

这位演讲者巧妙地运用"你"来将听众置入其中，使听众的注意力一直在他身上。然而，有时候使用代词"你"可能是危险的，可能在演讲者和听众之间制造鸿沟而非搭建桥梁。如，当我们似乎在对听众居高临下地讲话或教训他们时，就要使用"我们"而非"你"了。

美国医学协会健康教育主管鲍尔博士在广播和电视谈话节目中经常使用这种技巧。"我们都想知道如何选择一位好医生，不是吗？"他在其中一次谈话中说，"如果我们想从医生那里获得最好的服务，难道我们不都想知道如何成为一位好病人吗？"

### 四、将观众融入演讲

你是否曾想过，通过运用一些表演技巧，你能让听众全神贯注地听你的每一个字眼？当你邀请听众中的某位协助你证明一个观点或阐述一个想法时，听众注意力将显著提升。听众对于演讲者将他们的同伴带入"表演"非常敏感。

许多演讲者表示，如果台上的人和听众之间存在隔阂，那么利用听众参与的方式便能打破这个隔阂。我记得有位演讲者在解释汽车刹车后需要多长距离才能停稳时，他邀请前排的一位听众站起来，协助展示距离是如何随汽车速度而变化的。听众拿起卷尺的一端，沿着通道走了 45 英尺，然后在演讲者的示意下停下来。当我目睹这一过程时，我不禁注意到整个听众都聚精会神地听着演讲。我心想，这个卷尺除了生动地阐述演讲者的观点外，无疑还是演讲者与听众之间的纽带。如果没有这种表演技巧，听众可能还在琢磨晚餐吃什么或者晚上有哪些电视节目。

我最喜欢吸引听众参与的方法之一便是简单地提问并获得回应。我喜欢让听众站起来，跟着我重复一句话，或者通过举手回答我的问题。帕希·卫特的《如何让演说和写作更为幽默》一书中，关于听众参与方面的建议颇具价值，他提倡让听众投票或者邀请他们共同解决问题。"让自己进入正确的心态，"卫特先生说，"这种心态意识到演讲并非背诵——它旨在引发听众的反应——让听众成为事业的伙伴。"我喜欢这种将听众称为"事业的伙伴"的表述，因为这正是本节的核心内容。通过运用听众参与的方式，你将使听众成为这个演讲的共享者。

## 五、展现真诚之美

诚然，在演讲者与听众的关系中，没有任何东西能够替代真诚的力量。诺曼·文森特·皮埃尔曾经给一个在保持听众关注讲道时遇到极大困境的牧师提供了一些宝贵的建议。他请这位牧师审视自己每个星期天早上面对教会听众时，是抱以怎样的情感——他是否真的喜爱他们，是否真的发自内心地想要助他们一臂之力，是否高高在上地藐视这些芸芸众生？皮埃尔博士表示，每次登上讲坛，他没有一次不对自己眼前的听众怀有真情实感。是的，作为一名优秀的演讲者，要想博得听众的好感，谦虚低调总不会错。听众往往能敏锐地捕捉到那些自认为在智力、成就或社会地位上高人一筹的演讲者。来自缅因州的美国参议员艾德蒙在波士顿美国法医协会的演讲中印证了这一点。

他说："今晨，我怀揣诸多疑虑来履行这个任务。首先，我意识到在座的各位拥有令人敬畏的专业素质，不禁质疑自己是否有智慧将不足挂齿的才能暴露在诸位苛刻的目光下。其次，这是一场早餐会议，对于一个需要时刻保持警觉的人来说，这无疑是一种难以承受的考验；而在这方面的失误对于政治家来说可能是致命的。第三，还有我的演讲主题——辩论对于我作为一名政治生涯的影响。只要我还活跃在政治舞台上，我的一言一行对于选民的影响，究竟是好是坏可能会产生激烈的分歧。"

"在这些疑虑面前，我感觉自己犹如一个唐突地闯入国际大都市的乡巴佬，冒昧地连手都不知道放在何处了。"

参议员艾德蒙从那里开始发表了一场精彩的演讲。艾德莱·史蒂文森在密歇根州立大学的毕业典礼演讲开始时也表现得很谦逊。他说："在这种场合，我总觉得自己能力不足，这让我想起了萨姆尔·巴特勒（Samuel Butler）曾被问及如何充分利用生活时的回答。我想他的回答是：'我甚至不知道如何充分利用接下来的 15 分钟。'而我对接下来的 20 分钟也有同样的感觉。"

惹恼听众很简单，就是向人们表示出你自以为高人一等。当你站在演讲台演讲时，就像一个展示柜里的精致娃娃，你的一个眼神、一个动作，每一处细节都将在人们面前暴露无遗，稍稍的炫耀之意便是致命的。反之，一点点的谦逊就会给人无限的信心和善意。谦逊，并不等于卑微，只要表现出你十足的诚信，并为此倾尽所有，听众十分愿意尊重和爱戴你。

美国电视界竞争激烈，每个季度都有顶级表演者在激烈的竞争中倒下，而能够年复一年坚持下来的人之一就是埃德蒙·苏黎温（Ed Sullivan），他并非电视行业的专业人士，而是一名报纸记者。在这个竞争激烈的领域，他是一个业余者，而他之所以能够生存下来，是因为他从认为自己是这个领域的专家。他在镜头前不自然的举止表现就像是有社交障碍，如手托下巴、微微驼背、时时拉领带，甚至有些口齿不清，然而这些缺点对埃德蒙·苏黎温来说并非致命的。他不但不会因为别人批评这些缺点而生气，还会每个季度至少请一位才华横溢的模仿者，将他的所有缺点惟妙惟肖地模仿出来。面对这位表演者将镜子对准自然的表现，埃德蒙·苏黎温会和其他人一样毫无做作地笑出声。他欢迎批评，听众因此而喜爱他，因为大家喜欢谦逊，讨厌炫耀和自负之辈。

美国著名的传记作家亨利·托马斯和丹那·托马斯在《现代宗教领袖传》一书里这样形容孔子："他从来不向别人炫耀已知的知识，他只是以自己博大的胸襟去启迪人们的智慧和心灵。"演讲者若是也能有如此博大的胸襟，那么他通向听众内心的道路也将畅通无阻。

## 【经典摘录】

当你下次面对听众时，把他们想象成希望倾听你的话语，只要它对他们有所裨益。否则，你可能会面对一个不安分的、无聊的听众，他们会不停地蠕动，看着手表，殷切地盼望着逃离现场。

要做到百分之百的真诚。虚伪的陈述可能会偶尔愚弄个别人，但它永远不会愚弄整个观众群体。

美国著名的传记作家亨利·托马斯和丹那·托马斯在《现代宗教领袖传》一书里这样形容孔子："他从来不向别人炫耀已知的知识，他只是以自己博大的胸襟去启迪人们的智慧和心灵。"演讲者若是也能有如此博大的胸襟，那么他通向听众内心的道路也将畅通无阻。

## 【本节解读】

成功的演讲从来不是一场单方面的输出，而是一种双向的交流。它要求演讲者深入了解他们的听众，尊重他们的观点和反馈，并倾听他们的需求和期望。

理解听众是要让听众感到重视和被尊重。演讲者可以去尽可能地了解他们的背景、兴趣、理念以及他们希望从演讲中得到什么，这将帮助演讲者在准备和实施演讲时做出有针对性的决策。例如，对于一个技术性的主题，如果听众主要是行业专家，那么可以使用专业术语和深入的数据分析；但如果听众主要是业余爱好者，那么可能需要使用更易懂的语言和生动的例子来传达信息。

演讲者还需要尊重听众的反馈。演讲过程中，听众的反应——他们的表情、肢体语言、问题甚至沉默——都是有价值的信息。从这些反馈，演讲者可以得知自己是否需要调整语速、深入解释某个概念，或者换一种方式来吸引听众的注意力。成功的演讲者知道如何倾听这些反馈，并灵活地进行调整。

演讲大师懂得让听众成为演讲的一部分。他会通过问答环节、讨论或者让听众参与实践等各种方式充分调动听众的积极性，让他们通过自己的参与和互动，更加投入演讲倾听过程，并让演讲内容深刻地印到头脑中。其实，这种交流还可以为演讲者提供新的观点和灵感，使演讲更加丰富和深入。

正如拉塞·康威尔博士虽然将《你家后院藏有钻石》讲述了六千多次，但没有一句重复的内容。为了做到这点，卡耐基先生介绍给大家一些简单实用的小妙招：一是投观众所好；二是真诚赞美；三是与听众建立共鸣；四是将观众融入演讲；五是展现真诚之美。

卡耐基要求演讲者把听众看作合作伙伴，这意味着演讲者需要做好听、问、倾听、适应和共享。在演讲者和听众之间建立起这种互动关系，不仅可以提升演讲的效果，也可以让演讲者和听众实现双方获益。

# 第三章
## 如何成功发表演讲

在本章中，我们详细探讨了成功发表演讲的方法。前三节讨论了如何在在演讲时做到有说服力、信息全面和有力地表达。另外一节则讨论了即兴演讲，它可以根据不同的场合是有说服力、信息性或娱乐性的。当演讲者在心中清晰地构思了演讲的总体目的时，才能成功地应用本章中提到的方法。

# 第一节　以简短精悍的演讲鼓舞士气

这一节要介绍的是一个有效的演讲公式，像魔法一样，让听众在两三分钟内被你打动，同时达到鼓舞士气的作用。

第一次世界大战期间，一位著名的英国主教曾在雷普顿营地为正在战壕中待命的士兵们发表演说。这些士兵即将奔赴杀场，没有人知道第二天迎接他们的是死亡还是太阳。尽管如此，这位主教却向这些人高谈阔论"国际友谊"和"塞尔维亚争夺阳光下的一席之地"，其中一半人数甚至不清楚塞尔维亚究竟是个城市还是一种疾病。这位主教所进行的演讲显然彻头彻尾地失败了，士兵们之所以没有当场离开，完全是由于每个出口都有都有持枪的宪兵在把守。

我并非有意贬低这位主教，他无疑是一位卓越的学者，在一群宗教领袖面前，他的影响力可能非常巨大；然而他在这些士兵面前却遭遇了失败，且彻底地失败了。究其原因，是因为他并不了解他在为了什么而演讲，也不知道如何达到这一目的。

那么，演讲目的究竟是什么呢？简而言之：每场演讲，无论演讲者是否意识到，至少都包含以下四个主要目标之一：

说服或促成行动；

传达信息；

产生深刻印象并说服他人；

娱乐大众。

我们可以从亚伯拉罕·林肯的演讲生涯中列举几个例子来阐述这些目标。

鲜有人知道，林肯曾发明并申请了一项专利，这项专利是一种可以将搁浅在沙洲和其他障碍物上的船只抬起的装置。他就在离他律师事务所不远处的一个修理厂制作出了这个装置的模型。当朋友们来到他的办公室时，他就不厌其烦地带朋友观看模型，并极尽细心地进行解释说明，目的是让大家了解他的使用方法。

当他在葛底斯堡发表不朽演说、当他进行第一次和第二次就职演说，以及亨利·克特去世后林肯总结他的一生发表讣告时——所有的这些场合，林肯演讲的目的是让人产生深刻印象并说服他人。

在面对陪审团的演说中，他试图争取有利的判决；在他的政治演说中，他试图赢得选票。这一切都是在鼓舞式演讲，以达成他的既定目标。

当选总统的前两年，林肯曾发表过一次关于发明的演讲，其初衷很大程度上是为了娱乐大众，但结果并不理想。在那个城镇，竟没有一个人来聆听他的演讲，对于一名职业演讲家来说，这个结局的确令人失望。接着，其他人也纷纷响应，转瞬间，台下想起嘈杂的口哨声和呼喊声。这位演讲者，就像丝毫没有洞悉观众的情绪，依然继续滔滔不绝，这彻底激怒了观众。一场激战爆发了，起初的不耐逐渐升级为愤怒，他们暗下决心必须让他闭嘴。抗议的浪潮声声不息，直至最后，喧闹与愤怒的声浪淹没了他的言辞，以至于超出 20 英尺的地方根本无法听到他的声音。他被迫放弃演讲，然后羞愧地退了场。我们从这个例子中可以吸取教训，必须要根据听众和场合来适时确定演讲目的、调整演讲内容。如果国会议员能提前确定他的演讲目的，并判断该内容并不符合观众的政治集会目的，那么林肯就不会有这次失败的演讲经历。

在仔细分析观众和聚会场合后，我们需选择其中一个目标，以精确地达成预期效果。为了在演讲构建中给予指导，本章节将全心全意致力于用短暂的演讲来达成目标的技巧。而接下来的三节，将分别探讨其他主要的演讲目的，即：传达信息、产生深刻印象并说服他人，以及娱乐大众。每种演讲目的都存在着需要克服的难点，因此需要不同的组织模式。首先，让我们深入探讨如何组织演讲以引导观众采取行动。是否有某种方法可以整合我们的素材，以便我们在要求观众采取行动时有最大的成功机会？还是说这只是一种碰运气的策略？

我记得在 20 世纪 30 年代，当我的课程开始在全国范围内流行起来时，我曾与我的同事们讨论过这个问题。由于我们的小组规模较大，所以我们对课堂成员的演讲时间限制为两分钟。当演讲者的目的仅仅是娱乐或传递信息时，这个限制并不影响演讲。但当我们谈到要激发行动的演讲时，情况就不同了。当我们采用自亚里士多德以来演讲者一直遵循的旧式组织模式——引言、正文和结论时，要让观众采取行动的演讲并没有取得预期效果。显然，我们需要一种全新且不同的方法，以便在为期两分钟、旨在激发听众行动的演讲中获得确切的成果。

我们曾在芝加哥、洛杉矶和纽约举行会议，并邀请了许多教授演讲课程的备受尊敬的大学教授，还有在商业管理领域担任重要职务的精英们，以及发展迅猛的广告和推广领域的专家们。我们希望从这样不同背景和高智商的人们的交流碰撞中，获得一种新的演讲组织方法。这种方法要更加精简高效，同时也需要能够满足当代人心理和逻辑相结合的需求，从而有效地影响听众的行动。

结果没有令人失望，通过这些研讨会的讨论，我们获得了全新的构建演讲的魔法公式。在课堂上，我们一直使用它，并沿用至今。这个魔法公式是什么呢？简而言之，就是：首先，通过具体生动的事例，来阐述您想要传达的主要思想。第二，用清晰明确的语言表达您的观点，告诉听众您想要他们做什么。第三，强调听众在按照您的要求去做时可以获得的优势或收益。

这个公式非常适合我们快节奏的生活方式。演讲者再也不必沉迷于冗长的引言，因为听众都是忙碌的都市人，他们希望演讲者用简洁直接的语言来传达信息。就像媒体对新闻事实进行压缩和概括，从而呈现出简明扼要的报道一样；又像人们抬头便能看到的张贴于麦迪逊大道上的推销广告，正通过广告牌、电视屏幕、杂志和报纸等方式用有力、清晰的语言传递信息，精准到每个词都被严格衡量，没有一点浪费。使用这个魔法公式，可以保证让您引起听众的注意并让他们将注意力始终集中到您所说的核心内容上。魔法公式提醒我们不要沉溺于空洞无物的开场白，诸如"我没有时间好好准备这个演讲"或"当您的主席让我谈论这个主题时，我想知道为什么他选了我"这种无谓的寒暄。您的这些借口或真或假，观众并不感兴趣，他们想要的是正中要害，正如魔法公式教会你的从开场白就要一击必中的那种。

这个公式对于短时间的演讲来说是完美的，因为它基于一定的悬念和吸引力。演讲者将听众带入了一个故事中，但在演讲的两到三分钟内，听众并不知道演讲的核心要点是什么。在需要向听众提出请求的场合，这几乎是获得成功的必要条件。如果一个演讲者想要从听众那里筹集资金来支持某项事业，无论多么值得，如果他的开场白是这样的："女士们先生们，我来这里是为了向你们每个人收取五美元。"听众们可能会立刻离开现场。但是，如果演讲者首先讲述他访问儿童医院的经历，描述他看到了一个特别令人心酸的案例，一个需要到遥远医院接受手术但缺乏资金支持的小孩，然后请求听众捐款，他获得听众支持的机会将会更大。这个例子为所要求的行动铺平了道路，为演讲者赢得了听众的信任和支持。

请注意尼兰·斯道（Leland Stowe）是如何使用事例来预先让听众支持联合国为儿童发起的呼吁：

我祈祷我永远不需要再做一次。还有什么比只用一颗花生就能救活一个孩子更糟糕的事情吗？我希望你永远不会有这样的经历，并在之后的记忆中继续生活。如果你在那个一月的日子里在雅典受到轰炸的工人区，听到了他们的声音并看到了他们的眼睛……然而我所剩下的只是一罐半磅的花生。当我试图打开它的时候，数十个衣衫褴褛的孩子用绝望地扭动身体的姿态将我夹住。数十个母亲抱着婴儿，推挤着争先恐后地走近，她们把自己的孩子伸向我，这些皮包骨头的孩子用瘦弱的手指颤抖地伸展着，而我努力地让每一颗花生都能够发挥作用。"

"他们的狂热几乎将我掀翻。这可怜的数百只小小的手，这些乞讨的手，紧握的手，绝望的手。一颗咸花生给这个，一颗咸花生给那个，不小心从我手间滑落的六颗花生，在我脚下引发着一场激烈的争抢战。这里请再来一颗，那里请再来一颗，数百只手依然渴望着伸向我；数百只眼睛带着希望的光芒渐渐熄灭，因为他们终于看到我手里装着花生的蓝色罐子已经空了，而我则无助地站在那里……是的，我希望这种情况永远不会发生在你身上。

魔法公式还可以用于写商业信函、给同事和下属下达指令。母亲们可以在激励孩子时使用它，孩子们在请求父母提供帮助或特权时也会发现它非常有用。您会发现这是一种心理工具，可以在您的生活中每天用来传达您的想法。

在广告营销领域，魔法公式每天都在被广泛地运用。近期，永续电池（Eveready Batteries）推出了一系列基于魔法公式的广播和电视广告。在这些广告中，广播员生动地讲述了一个人在深夜被困在翻倒的车里的经历。通过引人入胜的细节描写，广播员成功地将听众带入了这个惊心动魄的场景，并邀请一名受害者来讲述永续电池（Eveready Batteries）所提供的手电筒如何在关键时刻发挥了重要作用。而后，广播员更深入地探讨了永续电池（Eveready Batteries）的观点和原因："购买永续电池（Eveready Batteries），紧急求生。"这些真实的故事均来自永续电池公司的档案，虽然我无法确定这个广告系列卖出了多少永续电池，但我可以确定魔法公式是一种有效的方法，可以让您的听众明确地了解您希望他们做什么或避免做什么。让我们一步步地了解这些步骤。

## 一、以例子开篇，讲述生活中的经历

在一个演讲中，这部分将占据大部分的时间。演讲者需要描述一个经历，这个经历教会你一个重要的教训。心理学家认为，人类学习的方式可以分为两种：一种是通过"锻炼法则"，一系列相似的经历会引起我们行为模式的改变；另一种是通过"效应法则"，一个事件可能会令我们如此震撼以至于导致我们的行为改变。我们都曾有过这种非同寻常的经历，而这些记忆深刻的经历是我们的行为习惯的主要指导因素。通过生动地再现这些经历，我们可以将它们作为影响他人行为的基础，因为人们对话语的反应方式与对真实事件的反应方式类似。

因此，在您的演讲的例子部分中，您必须以一种生动有趣的方式来描述一个片段，使其对听众产生与原先对您产生的相同的影响。这就要求您必须充分澄清、强化和戏剧化您的经历，以吸引听众的兴趣和注意力。以下是一些建议，可以帮助您让行动演讲中的例子部分更加清晰、生动和有意义。

基于个人经历的例子是非常有说服力的，特别是基于一个对你的生活产生戏剧性影响的事件。这可能只持续了几秒钟，但在那短暂的时间里，你学到了一个难以忘记的教训。不久前，我们课堂上的一位学员讲述了他试图从翻转的船上游到岸边时的惊险经历。我相信，听众在心里已经下定决心，如果他们面临类似的情况，他们将听从这位演讲者的建议，留在倾覆的船上等待救援。我还记得另一位演讲者讲述了一个关于孩子和翻转的割草机的可怕经历，这个事件深深地印在了我的脑海中，我在使用割草机时总是小心翼翼，特别是当孩子在附近的时候。很多讲师在课堂上听到这些故事后都被深深地震撼，他们迅速采取行动，防止类似的事故发生在家中。例如，有一个讲师因为听了一个生动再现火灾惨案的讲话，所以在厨房里备有灭火器。另一个讲师标记了所有含有毒药的瓶子，并确保它们不会被他的孩子碰到。

一段令人难忘的教训，是一个有说服力的行动演讲中的第一步。如果这样的事情发生在你身上，你的听众会认为它也可能发生在他们身上，他们最好听从你的建议，按照你所要求的去做。

## 二、以详细的事例开始你的演讲

以详细的事例开始你的演讲，是为了立即引起听众的注意。一些演讲者在开场白中往往无法吸引听众的注意力，因为这些话往往只包括重复的言辞、陈词滥调或无趣的道歉。比如"虽然我不擅长公开演讲"，这句话尤其令人反感，但许多其他开场方法同样缺乏吸引力。在演讲短小的情况下，关键是要马上引起听众的兴趣，不要详细阐述你选择该主题的原因，也不要向听众透露你准备不充分（他们很快就会发现这一点），更不要像一位传教士宣讲经文一样宣布演讲的主题或主题。取材于一流的杂志和报纸作家的经验，直接用例子开始，你将立即抓住听众的注意力。

以下是一些开场句子，它们像磁铁一样吸引了我的注意力："1942 年，我发现自己躺在一张医院的病床上"；"昨天早餐时，我的妻子正在倒咖啡……"；"去年七月，我在42号公路上高速驾驶……"；"我的办公室的门开了，查理·范恩，我们的工头，破门而入"；"我在湖中央钓鱼；我抬头看到一艘摩托艇向我飞驰而来。"如果你用回答"谁？"、"何时？"、"在哪里？"、"什么？"、"如何？"或"为什么？"这样的短语开始你的演讲，你就掌握了世界上最古老的传播工具之———故事——而它是最具吸引力的。试想，你的童年时代是不是因为一句"从前有一个故事"而神奇得打开了想象力的闸门。用这种人性化的方法，你可以用你的第一句话迷住听众的心。

### 三、以相关细节充实你的例子

细节本身并不有趣，正如一间充满家具和杂物的房间并不吸引人，一幅充满太多不相关细节的图片也不会吸引人的目光。同样地，太多的细节，尤其无关重要的细节，会使谈话和公开演讲变成乏味的耐力测试。秘诀是仅选择那些将强调演讲的观点和原因的细节。如果你想让听众明白在进行长途旅行前应该检查车辆，那么你的例子·中所有细节都应该涉及你在旅行前如何得匆忙准备而忘记检查汽车。如果你讲述自己到达目的地时欣赏了景色或住在哪里，你只会成功地掩盖观点并分散注意力。

不过，相关的细节用具体、生动的语言表述，是再现事件的最佳方式，并为听众描绘图像。仅仅说"你曾因一时大意而发生过交通事故"这种表述是枯燥无味的，而且它也不可能使任何人在开车时更加小心。然而，使用多感官短语的生动描绘，描绘你恐惧的经历，以至于将事件深深地印刻在听众的意识中，是最好的方式。例如，以下是一个学员如何详细拓展例子的步骤，从而生动地论述了"在冬季道路上务必谨慎"的观点：

我在1949年圣诞节前的一个早晨，驾车向北行驶在印第安纳州

41 号公路上，同乘的还有我的妻子和两个孩子。几个小时来，我们一直在镜子般光滑的冰面上缓慢前进；方向盘轻轻一动就会让我的福特车可恶得滑行。在这种情况下，很少有司机超车或离开原本的队伍，于是时间变得比车流更缓慢。终于，我们来到一段冰雪已被阳光融化的开阔路段，我猛踩油门，想要夺回之前浪费的时间，其他车辆也是如此，所有人突然间似乎都急于第一个到达芝加哥。基于紧张的缓解，孩子们也开始在后座唱歌嬉戏。道路突然高了起来，原来前方是一个大爬坡，通向一个树木茂密的区域。当速度飞快的汽车到达山顶时，我才看到两辆在我们前面疯狂漂移的车，我意识到这是个没有受到太阳照射的北坡，但为时已晚，我们的车子已经开始打滑，就像在一条光滑的冰河上溜冰，不可控制。接着，我们向后翻滚，失去了控制，猛扎在一个雪堆里才得以停下。刚要松出一口气时，后面飞速漂来打滑的车子，直撞我们车的侧面，门被撞碎，玻璃四溅。

这个例子中丰富的细节极具代入感，可以让听众轻易地投射自己进入这个场景中。毕竟，我们演讲的目的是让听众看到你所看到的，听到你所听到的，感受你所感受到的。唯一可能实现这种效果的方法，正是使用丰富的具体细节。正如在第四节中指出的那样，准备演讲的任务是重构回答"谁？""何时？""在哪里？""如何？""和为什么？"这些问题的任务。你必须通过描绘图像来刺激听众的视觉想象力。

### 四、在描述经历时，演讲者应身临其境

当描述经历时，演讲者应身临其境，这恰如演戏一样。所有出

色的演讲者都具备戏剧感，但这并非仅限于那些能言善辩的人。大多数孩子天生就富有戏剧感，而我们身边也有很多人具有良好的时间感、面部表情、模仿或哑剧技巧，这些都是戏剧化能力中不可或缺的部分。大多数人都拥有一项或两项此类技能，只需稍加努力和练习，就可以很好地应用在演讲中。

演讲中的例子即使再丰富，若是少了演讲者以极大的热忱去重新塑造，它都会缺乏感染力。如果你在描述一场火灾，那就让听众感受到消防队员在扑灭大火时的紧迫感；如果你在讲述与邻居的争吵，那就身临其境，让听众感受到富有戏剧性的对白；如果你描述的是落水者在水中的拼死挣扎，那就让听众感受到你在生命中走到尽头时那可怕瞬间的绝望感。因为例子的一个重要目的就是使您的演讲让听众难以忘怀。只有当例子深入人心时，你的听众才会记得你的演讲以及你想要他们去做的事情。正如我们因威姆的传记中广为流传的樱桃树事件而记得乔治·华盛顿的诚实，《新约》中充满了充满人情味的例子，以强化其中的伦理行为原则。

除了让你的演讲加深在听众头脑中的印象，事例的情景还原事还使你的演讲更富有趣味、更具说服力，也更易于理解。当观众从全新的角度感知你从生活中汲取的经验，在某种意义上说，这表示他们已经准备接受你的建议了。这时，我们已被引领至魔法公式的第二道门槛。

### 五、阐明你的观点，你希望观众做什么

如果一场演讲单纯为了促成某种行动，那么举例子这一步就已经占据了超过四分之三的时间。假设你的演讲时间是两分钟，你只有

大约二十秒的时间来强调你希望观众采取的行动以及他们在执行你要求的事情后所能得到的益处。详述的阶段已经结束，现在是时候直接、坦率地表达你的观点了，这与报纸技巧恰好相反，即一开始你并不会先给出标题，而是先给出新闻故事，然后用你的观点或行动呼吁标题。这一步需要以下遵循三条规则：

## 1. 简明扼要地阐述观点

在告诉观众你希望他们做什么时，请务必简明扼要，因为人们只会做他们清楚明白的事情。但你的例子激发了观众的行动意愿之后，弄清楚你究竟希望观众做什么是至关重要的。将观点明确写出来，如同发电报一般，尽量减少词汇数量，使语言尽可能清晰明了。例如，不要说"帮助我们当地孤儿院的病人"，这太笼统了。你可以说："今晚报名，下周日组织二十五个孩子去野餐。"要求一项明确的行动，可以看到的行动，而不是模糊的心理行动。例如，"时不时想想你的祖父母，"这太笼统了，无法付诸实践。相反，可以说："这个周末一定要拜访你的祖父母。"再如，"我们要爱国"这样的说法就转变为"下周二去投票。"

## 2. 观点要易于理解和执行

让观点易于听众理解和执行。无论问题是什么，有争议还是无争议，演讲者有责任用这样一种方式表述他的观点和行动请求，使听众易于理解和执行。实现这一目标的最佳方法之一是具体化。如果你希望听众提高记住名字的能力，不要说："从现在开始提高你记名字的能力。"这太笼统了，很难做到。相反，你可以说："在与下一个陌生人见面后的五分钟内，重复他的名字五次。"给出详细行动要点的演讲者在激励听众方面更容易成功，而不是那些满足于泛泛之谈的人。说："在房间后面的签字祝愿卡上签名"远比敦促听众给一位住院的同学寄卡片或写信要好。

从听众的角度回答是否以积极或消极的方式陈述观点的问题。并非所有消极措辞的观点都无效。当它们概括了一种回避态度时，它们可能对听众比积极陈述的呼吁更具说服力。在几年前的一场旨在销售电灯泡的广告活动中，"不要偷电灯泡"的回避性短语就取得了很好的效果。

### 3. 充满力量和信念地陈述观点

观点是你演讲的整个主题，因此，你应该充满力量和信念地陈述它。正如标题以大字母突显一样，你对行动的要求应通过声音的生动和直接性来强调。你即将在观众面前留下最后印象，要以这样一种方式，让观众感受到你对行动呼吁的真诚。在请求行动时，你应该毫不犹豫，充满自信。这种说服力的方式应延续到你的最后一句话，然后抵达魔法公式的第三步。

## 六、给出观众预期的理由或好处

到此，尽可能地简明扼要仍然是必要的。在这个阶段，观众按照你的要求去执行后，心中一定会预期相应的好处或回报，这时你要尽可能地展示这些好处和回报。

### 1. 确保理由与例子相关

关于公共演讲中的激励，已经有很多文章讨论。这是一个广泛的主题，对于任何从事说服他人采取行动的人来说都是有用的。在我们本节关注的演讲中，你所能做的就是用简明扼要的一两句话突出对人们有裨益的地方，然后坐下。当然，还有最重要的一点，你要强调在举例子时所提出的益处是否能为大家所实现。如果你讲述了通过购买二手车省钱的经历，并敦促听众购买二手车，你必须在你的理由中强调，他们也可以享受购买二手车的经济优势。在给出理由时，你若是一味强调部分二手的造型比最新款式更好，那就偏离主题了。

2. 确保强调一个理由，且仅此一个

正如真正的销售员，他们总是能给出半打理由来说服你购买他们的商品，在演讲中，你也可以提供若干理由来支撑你的论点，这些理由可能都与你列举的例子相关。但是，最好选择一个突出的理由或好处，着重阐述。

你对观众的最后一句话应该像全国杂志上广告上的信息一样清晰明了。如果你研究那些付出了大量才华的广告，你将在处理演讲的观点和理由方面变得更加娴熟。要知道，没有任何广告会试图同时销售多种产品或多个想法。在大部分发行量较大的杂志中，很少有广告会使用多个理由来说服你购买。

同一家公司可能会在不同的媒介之间改变其激励手段，例如从电视转向报纸，但很少有同一家公司在一则广告中，提出不同的诉求。如果你研究在杂志、报纸和电视上看到的广告，并分析其内容，你会惊讶地发现魔法公式被广泛地应用在了说服人们购买方面。你会意识到它像一条关联性的纽带将整个广告或商业广告结合成了一个统一的整体。

还有其他方法来构建示例，例如使用展示品、进行示范、引用权威观点、进行比较和引用统计数据。这些方法将在后面章节中详细解释，以应用在更长的说服性演讲中。在本节中，魔法公式仅限于个人事件类型的示例，因为在简短的鼓舞式演讲中，这无疑是演讲者能够使用的最简单、最有趣、最具戏剧性和最具说服力的方法。

## 【经典摘录】

心理学家认为，人类学习的方式可以分为两种：一种是通过"锻炼法则"，一系列相似的经历会引起我们行为模式的改变；另一种是通过"效应法则"，一个事件可能会令我们如此震撼以至于导致我们的行为改变。

细节本身并不有趣，正如一间充满家具和杂物的房间并不吸引人，一幅充满太多不相关细节的图片也不会吸引人的目光。同样地，太多的细节，尤其无关重要的细节，会使谈话和公开演讲变成乏味的耐力测试。秘诀是仅选择那些将强调演讲的观点和原因的细节。

## 【本节解读】

本节中，卡耐基先生就如何成功地发表一场演讲而提出了那个著名的"魔法公式"，并通过六个步骤描述了这个神奇的公式：一是以例子开篇，讲述生活中的经历；二是以详细的事例开始演讲；三是以相关细节充实案例；四是身临其境地描述经历；五是最后向观众阐明你的观点，表明你希望观众付出哪些实际行动；六是给出观众预期的理由或好处。

一个引人入胜的故事或个人经历是吸引听众注意力的绝佳方式。它可以将演讲者的观点和理念具象化，使得抽象的观点更加生动和具体。例如，如果演讲的主题是"冒险精神的重要性"，那么可以从讲述一次自己的登山经历开始，描述冒险带给自己的感触和收获。

在讲述自己登山经历的过程中，可以在故事或例子中深入展开更多细节描述，使听众更容易理解和投入情境中去。仍以登山为例，可以描述天气的变化、队友的支持、心理的挣扎等具体的细节，从而将更多的相关信息和细节融到例子中，增强其说服力和感染力。例如，可以讲述你的队友如何鼓励你，以及这些鼓励如何让你找回信心。

同时，演讲者还可以利用生动的语言和肢体动作，让听众置身于那个你生动描绘而出的场景中。这可以帮助听众更好地感同身受，理解和接受你的观点。

千万不能忘记，在给出足够的证据和支持之后，要明确地表达你的观点，指出你希望听众采取哪些行动。比如，讲述完登山的例子，你可以将这个经历进行一下总结，明确表示冒险的重要性，鼓励听众在自己的生活中也勇于尝试新的挑战。

同时，也不要忘了说明听众如果按照你的建议行事，将会得到什么好处或满足什么需求，诸如接受新挑战可以帮助人们增强信心，学习新的技能，或者得到新的体验和成就感等。

卡耐基先生的"魔法公式"为演讲者提供了出一次成功演讲的基本结构和流程，通过魔法公式，可以设计和实施任何一场演讲。

# 第二节　传递信息的演讲

传递信息是一场说明性演讲的最终目的，然而很多演讲者从来没有清楚地做到这点过，其实，它一点也不难。

你可能听到过这样一类人，他们经常搞砸一场演讲却不自知，就像那位经常把美国参议院调查委员会讲得晕头转向的身份显赫的政府官员一样。他从不知如何避免长篇累牍、模棱两可地演讲，因此，他的言辞模糊、观点不明，而且从来没有得到过改善，导致委员会的困惑越来越严重。直到其中一名委员作为北卡罗来纳州的资深参议员获得了一次发言机会，简单的几句话却颇具深意，给大家留下了深刻的印象。

他说，那位位高权重的官员让他时常想起家乡的一个男人。这个男人的妻子美貌动人、厨艺精湛，是个典型的贤妻良母，但这位丈夫却要与她离婚。律师十分不解，问道："为什么呢？"

"因为她总是滔滔不绝，"丈夫回答道。

"她都说些什么？"

"问题就在这里，"丈夫说，"她从来说不清楚！"

其实这是众多演讲者都面临的问题，且与性别无关。听众们不知道这些演讲者在说什么，因为他们从来表达不清自己要表达的东西。

有四十年丰富的巡回演讲经验的奥利弗·洛基爵士，曾坦言演讲的基本条件有两个，一是知识和准备，二是表达清楚。普法战争爆发之初，普鲁士著名将领毛奇元帅是这样警告军官的，"诸位铭记，任何有可能造成歧义的命令，最终肯定会导致歧义！"拿破仑也深知"清楚"的重要性，每次下达命令前都要都强调"记得一定要清楚"！

在之前的章节中，大家已经了解了如何进行简短的演讲以激发听众采取行动的方法。现在，我将为大家提供另外一些方法，旨在助你精准地传达信息、而非激励听众，这会改善你表达不清的弊病。

事实上我们每天都会进行各种各样的传达信息式的演讲，如给出指示或说明，进行解释和通告。在每周向各地观众发表的各种类型的演讲中，传递信息的演讲仅次于说服或促使行动的演讲。清晰表达的能力是激发他人采取行动能力的先决条件。我曾听过一位诗人当众朗诵他的作品，但台下百分之十的听众不知道他在说什么。

美国顶级实业家之一的欧文·扬（Owen D. Young）强调在当今世界，清晰表达是十分重要的：

当一个人让他人理解自己的能力有所提高，那么他就相应地开拓出更多的应用它的机会。毫无疑问，现今社会即使最简单的事务，人们也需要相互合作，那么其先决条件就是要做到相互理解。语言是理解的主要传递工具，因此我们必须学会使用它，不是粗暴地，而是有选择地。在这一章节中，有一些建议可以帮助你如此清晰、有区分度地看待语言，以至于你的听众在理解你时毫无困难。正如拉威格·维根斯坦（Ludwig Wittgenstein）所说："一切能被思考的事物都可以被清晰地思考，一切能被说出的话都可以清晰地表达。"下面我就简单介绍集中能让你更精确地使用语言达到与听众畅快沟通的方法。

## 一、根据时间安排限制主题

在威廉·詹姆士教授发表的一次演讲中，他特别停顿了一下，指出在一次讲座中只能提出一个观点，然而那次讲座他持续了一个小时。最近我又听到一位演讲者被限制在三分钟内向听众提出十一个要点，平均每个要点只有十六秒半的时间！

这简直令人难以置信，一个聪明的人为什么要尝试如此明显的荒谬之举呢？的确，这是一个极端的例子，可能大多人不会面临如此严重的时间限制问题，但这种错误倾向依然会妨碍每个初登演讲台的新手。他就像是一本烹饪指南，试图在一天内把巴黎展示给游客。这是可以做到的，就像你可以在三十分钟内走完美国自然历史博物馆一样。但结果是这样的走马观花，既不会使讲话变得清晰，也不会带给人以愉悦感。许多演讲之所以不够清晰，是因为演讲者似乎意图在规定的时间内创造一个世界记录，从一个观点跳到另一个观点，像山羊一样迅速敏捷。

举例来说，如果你要讲述工会，不要试图在三到六分钟内告诉我们它们为什么存在、它们采用的方法、它们所取得的成就、它们造成的危害以及如何解决劳资纠纷。千万不要，如果你一定要这样做，你所谈论的这些，没有一个会在听众的脑海形成清晰的概念，它太过于混乱、模糊、草率和简略了。明智之举是只提到工会的一个方面，并对其进行充分的论述和阐述，这种讲话将给人留下清晰易懂、易于聆听、易于记忆的印象。

有一天早上我去拜访一个我认识的公司总裁，发现他的门上贴着一个陌生的名字。人事部主任是我的一位老朋友，他向我解释道："他的名字终于让他自食其果了。"

"他的名字？"我有点不知所云，于是重复道，"他是控制这家公司的琼斯家族的人之一，不是吗？"

朋友说："我的意思是他的绰号。他被叫做'他在哪儿·琼斯'。他没有在这里待多久，就被家族的一个表亲替代了。因为他从来没有关心过生意的问题，他甚至不知道这家公司是干什么的。他一整天的工作，就是到处走动，东跑西颠，但真的只是在东跑西颠，他以为他去看一位送货员是否打开了电灯，或者看一位打字员是否捡起了回形针比他研究一个大型销售活动更为重要。他没有在办公室里待很久，这就是为什么我们叫他'他在哪儿'先生的原因。"

"他在哪儿·琼斯"让我想起了许多本可以做得更好的演讲者。他们没有做得更好，是因为他们不会自我约束。他们就像琼斯先生一样，试图覆盖太多领域。在演讲中间，一些经验丰富的演讲者也会犯"他在哪儿"先生的错误。即使他们在很多方面都相当有能力，但一旦分散了他的努力，那么这些能力都将化为乌有。所以，尽管坚持你的主题，让自己清晰明了，那么你的听众也将始终清楚明了，他们会说，"我明白他的意思，我知道他的重点在哪儿！"

## 二、安排思路顺序

几乎所有的主题都可以通过时间、空间或特定主题这样一个逻辑顺序进行发展。例如，在时间序列中，你可以根据过去、现在和未来这三个类别来考虑你的主题，或者你可以从某个特定日期开始，向前或向后延伸思路。所有的流程讲话都应该从原材料阶段开始，逐步展开各种制造步骤，生产出成品。当然，你所带入的细节最终都将受到时间的限制。

在空间序列中，你可以围绕某个中心点安排思路，从那里向外展开，或者你可以按照方向，例如北、南、东、西等，来涵盖材料。如果你要描述华盛顿特区，你可以带领听众来到国会大厦的顶部，并向每个方向指出有趣的景点。如果你要描述喷气式发动机或汽车，最好的方法是将其分解成各个组成部分进行讨论。

有些主题已经自带一个内在的顺序。例如，解释美国政府的组织结构，最好按照内在的组织模式分别讨论立法、行政和司法三个分支。这样做可以让你的讲话更加有条理和易于理解。

## 三、为提出的观点编号

让听众能够清晰地记住你的讲话内容，最简单的方法之一是在讲话过程中明确地提出你要讨论的每一个观点。例如，"我的第一个观点是……"你可以如此直截了当地表达。当你讨论完一个观点后，可以坦率地说你要讲第二个观点。你可以一直保持这种方式，直到结束。

联合国助理秘书长拉尔夫·邦奇博士在纽约罗切斯特市俱乐部赞助的一次重要演讲中，就采用了这种直截了当的方式："我今晚选择讲述'人际关系的挑战'这个主题，有两个原因，"而后他立即补充道，"第一……"他很快又接着说，"第二……"在整个讲话中，他谨小慎微地向听众表明，他一直努力点对点地引导他们，最终得出结论："我们永远不能失去对人类潜在的善良力量的信仰。"

同样的方法在经济学家鲍尔·道格拉斯发表演讲时得到了有效的运用，当时他以纽约州参议员和税收专家的身份出席国会联合委员会，并讲述如何刺激国内商业复苏。

同样的方法被经济学家鲍尔·道格拉斯成功运用在了国会联合委员会的演讲中，当时委员会正力图找到一种改善经济萧条的有效途径。他作为来自伊利诺伊州的参议员和税收专家发表了演讲。他先直截了当地阐明了主题："我的主题是这样的：最快、最有效的刺激经济的行方式是通过对低收入和中等收入群体进行减税——也就是让人们花光大部分的收入从而拉动消费。"然后，他又通过"第一"，"第二"，"第三"等编码的方式，按照清晰的顺序逐一展开观点。最后，他简洁明了地总结道："我们需要立即对低收入和中等收入群体进行减税，以增加需求和购买力。"这样的表述方式让他的演讲更加生动、易于理解，同时也更加有说服力。

## 四、将陌生的事物与熟悉的事物进行比较

有时候，你会发现自己在试图解释某个含义时会莫名感到困惑，这个含义对你来说或许很清晰，但如果想让听众也明白，就需要进行复杂的解释。这时，你可以将其与听众熟悉的事物进行比较，说这个陌生的事物就像某个熟悉的事物一样。

举个例子，如果你想要讨论化学在工业中的一项贡献——催化剂，你可以这样解释：催化剂是一种能够在不改变自身的情况下引起其他物质发生变化的物质。这听起来也不难理解，但换一种说法似乎

更吸引人，如"它就像学校操场上的一个小男孩，他会绊倒、打架、打翻、戳着其他孩子，却从来没有被任何人打过一拳"，听众可能会十分享受这样的说明。

曾经一些传教士需要将《圣经》翻译成非洲近赤道某部落的族语。这该如何翻译呢？如果按字面机械地翻译，当地居民可能根本无法理解。如，《圣经》中有这样一句话："你们的罪虽像朱红，必变成雪白。"如果按照字面翻译，当地人就会困惑，因为他们从来没见过雪，根本不知道雪是什么东西，只知道丛林里的苔藓。不过，他们经常爬椰子树，并摇下椰子当饭吃。于是，传教士灵机一动，将未知的东西比作已知的东西，这句话就改为了：

"你们的罪虽像朱红，可是你们必变得如椰子肉一样洁白。"这样一来，这种翻译已经十分清晰易懂了，不是吗？

### 五、将事实具象化

月球、太阳，以及其他的近地行星究竟离地球有多远？对于这样的问题，科学家通常会用大量的数学公式来作答，但科普老师和作家知道这种方式并不适合让一般观众理解，于是他们将数字转化为了图像。

著名科学家詹姆士·琼斯爵士（Sir James Jeans）对人类探索宇宙的渴望特别感兴趣。作为科学专家，他精通所涉及的数学知识，但他也知道，如果只在必要的时候插入一两个数字，他在写作或演讲时将更有效。在其著作《我们身边的宇宙》中，他指出，我们的太阳（一颗恒星）和围绕它的行星离我们如此之近，以至于让我们忽略了太空中运行的其他物体间的距离究竟有多远。"即使最近的恒星（半人马座比邻星）也有 250 亿英里之遥，"他说。然后，为了使这个数字更加生动形象，他这样解释，"如果一个人以光的速度（每秒 18.6 万英里）从地球起飞，要四年零四分之一的时间才能到达半人马座比邻星"。这样的图像化描述更容易被人们理解和记忆。

相比之下，我曾听到一位演讲者试图解释阿拉斯加的庞大规模，但只是简单地说它的面积有 59.0804 万平方英里，显得既不形象也不贴切。要理解它的规模，我必须从另一个来源了解到它的面积，如它超过了比佛蒙特州、新罕布什尔、缅因州、马萨诸塞州、罗得岛州、康涅狄格州、纽约州、新泽西州、宾夕法尼亚州、特拉华州、马里兰州、西弗吉尼亚州、北卡罗来纳州、南卡罗来纳州、乔治亚州、佛罗里达州、田纳西州和密西西比州的总和。这样的比较更能让我们意识到阿拉斯加的幅员辽阔。

在几年前，我们的一位学员用一幅可怕的画面来描述公路上致命事故的惨重代价："当你正在驾车从纽约开往洛杉矶，请忽略那些呆板的路标，不如想象棺材——它们竖立在地里，每一个棺材里装着一位在公路上遭遇死亡的遇难者。行驶到一定时速，每五秒钟你的车就会路过一个这样可怕的棺材，就是这样的棺材遍布全国，平均下来，每英里公路就有 12 个！"这样形象的比喻让听众更深刻地感受到了公路事故带来的惨重损失。

后来每次我驾车行驶较远的路程时，这个画面总会以惊人的真实感一次次浮现在我的脑海中。为什么会这样？因为听觉印象就像雨夹雪打在山毛榉树皮上一样很快就被冲走，而视觉印象呢？它们的冲击力却十分巨大。这让我想起几年前曾看到的一颗被炮弹嵌入的炮弹，它嵌在多瑙河畔的一座老房子里——这颗炮弹是拿破仑在乌尔姆战役中炮火所射出的。视觉印象就像那颗炮弹一样，它们深深地植入我们的记忆之中，正如拿破仑赶走奥地利人一样，连同所有反对的声音都赶走了。

## 六、避免使用专业术语

如果你从事的职业是专业技术性的，如律师、医生、工程师，或者在从事高度专业化的业务领域工作，那么在向外界人士发表演讲时，一定要格外小心，用通俗易懂的语言表达自己的观点，并给予必要的细节说明。因为在我的职业生涯中，我听过许多在这个方面失败的演讲，演讲者似乎完全没有意识到普通公众对该领域知识的普及程度是多么的匮乏和浅薄。于是演讲者越是口若悬河地使用那些只有自己理解的语言和术语，听众越是难以理解。这些术语对于未经培训的人来说，就像是陷入了六月雨后密苏里河流过艾奥瓦州和堪萨斯州新翻耕的玉米地一样泥泞不堪。

这样的演讲，应该怎么应对呢？他应该阅读并遵从印第安纳州前参议员贝弗利奇的建议：挑选出看起来最不聪明的听众，力求让那个人对你的论点产生兴趣。

事实上，这个方法依然依靠的是清晰的陈述和推理。还有一个更好的方法是将演讲的焦点放在在场的某个小孩身上，试图让他们听懂并记住你的解释，并在结束后还能复述你所说的内容给家长听。在演讲中，请务必将复杂的概念讲得简单易懂，让所有人都能听懂。

我们的课堂上曾有一位医生在演讲中提到"膈式呼吸对于肠道的蠕动是有明显帮助的，且对健康大有裨益。"他准备用这一个句子结束这个话题，转而讲其他内容。但讲师突然打断了他，并要求所有听众举手，看看有多少人真正理解膈式呼吸和其他类型的呼吸有什么不同，肠道蠕动是什么，以及为什么它对身体健康特别有益。投票结果让医生吃了一惊，于是他不得不回过头来对此番疑问一一详解：

膈肌是一个薄肌肉，位于肺部基底和腹腔顶部，在胸式呼吸期间，膈肌呈弓形，就像一个倒扣的洗脸盆；而在腹式呼吸期间，每一次呼吸都会使肌肉向下移动，几乎变成平面的，你甚至能感受到肚子的肌肉挤压着你的腰带。横膈膜向下的压力按摩并刺激了腹腔的上部器官——胃、肝脏、胰脏、脾脏和腹腔神经丛。当你再次呼出气时，你的胃和肠道将再次被挤压到横膈膜上，接受另一次按摩，这种按摩有助于促进消化和排泄。大量的疾病起源于肠道，如果我们通过深度的横膈膜呼吸正确地锻炼我们的胃和肠道，那么诸如消化不良、便秘和自我中毒等疾病困扰便会离我们而去。

在解释某项事物或知识的过程中，我们应该有一个从简单到复杂的过度。比如你想要向一群家庭主妇解释为什么冰箱要进行除霜，那么以下这种方式就是错误的：冷藏原理是基于蒸发器从冰箱内部吸收热量的事实。随着热量被吸收，伴随着的湿度黏附在蒸发器上，并形成厚度，这使蒸发器绝缘，需要更频繁地打开电机来补偿厚冰层。

如果讲话者从家庭主妇熟悉的事物开始讲解，会更容易理解，比如：你知道在冰箱里冷冻肉食的位置吧，你也知道冷冻室上面的冰霜越来越厚时就会影响冰箱的正常运作，最后不得不进行除霜。你看，冷冻室周围的霜就像你被子上的毯子一样，或者像你房子墙壁中的隔热棉层，霜越厚，冷冻室的冷气就越难从冰箱吸出来，那么冰箱电机就必须更加频繁、更长时间地工作来进行制冷。但是，如果你的冰箱有自动除霜功能，霜就没有机会厚厚的积聚起来，那么电机工作的频率就会降低，工作时间也会变短。

亚里士多德在这方面给出了一些好的建议："像智者一样思考，但像普通人一样说话。"如果你必须使用专业术语，那就先去解释它，直到所有听众都理解了它的含义。

我曾经听过一个股票经纪人向一群想要了解银行和投资的女性讲话。他用简单而轻松的对话方式放松了她们的心情，但唯独一些专业术语让她们摸不着头脑。比如，他提到了"清算所"、"买入和卖出期权"、"再融资抵押贷款"、"空头卖出和多头买入"等术语。结果，这场本来可以很迷人的讲座，因为这些普通人听不懂的行业术语而变得令人费解。

当你遇到一个不能被大众理解的关键词时，没有理由绕过它，只要用普通的话语将它解释清楚即可。把自己变成牛津大字典，请永远铭记这一点。

你想谈谈唱歌广告吗？或是冲动消费？抑或是文科课程或成本会计？政府补贴、违规超车等等？你是否想倡导对孩子的宽容态度，或者 LIFO 库存估值系统？一切都没问题，只要确保你的听众能与你一样接受这些专业领域的关键词即可。

## 七、使用视觉辅助

科学显示，从眼睛到大脑的神经比从耳朵到大脑的神经粗得多，这造成我们对视觉刺激的关注度是对听觉刺激的 25 倍。一个古老的中国谚语说："百闻不如一见。"因此，如果你想清晰地表达，就要运用形象的描述，形象化你的想法。这正是美国国家现金注册公司创始人约翰·佩特森的做法。他撰写过一篇题为《系统》的文章，阐述他向工人和销售队伍演讲时使用的方法：

我认为，仅靠口头表达无法使人理解自己和捕获听众的注意力，必须进行有戏剧性的补充。尽可能使用展示对错的图片来补充说明是更好的方法：图表比单纯的文字更有说服力，图片比图表更有说服力。一个理想的主题展示应该是每个子部分都有图片，而文字只起到辅助连接的作用。我早就发现，在与人交流时，图片的作用比我所说的任何话都更具说服力。

使用图表或图示时，要确保它足够大，但不要过度使用，因为连续呈现一大堆图表往往令人感到无聊。如果你需要现场制作图表，记得在黑板或翻页图表上迅速草草地画出来，听众对画得好坏不感兴趣，尽量使用缩写，大字，写清楚即可；在画或写的同时保持与听众的交流，并经常回过头去看看观众。如果你遵循以下建议，在使用展品时就能保证听众全神贯注：

在你准备使用展品之前，保持它不被看到；

使用足够大的展品，使最后一排的观众都能看到，如果他们看不到展品，那么展品就不会有任何用处；

在演讲时不要把展品传递给听众，这样做就像邀请竞争一样；

当你展示展品时，把它拿起来放在听众能看到的位置；

记住，一个动起来的展品的价值相当于十个静止的展品。如果可能的话，进行演示；

不要盯着展品看，你的交流对象是观众，而不是展品；

当你用完展品时，把它放到看不到的地方；

你要使用的展品可以采用"神秘处理"方式，将其放在你演讲时身旁的桌子上，覆盖起来。在你讲话的时候，吊足观众的胃口，直到你揭开展品的面纱，他们的猎奇心和兴趣就会得到真正的激发。

现在越来越多的人试图通过视觉进行清晰地表达。如果想让听众听懂你的话，最好的方法就是展示给他们看，而不仅是做口头上的表述。两位口才出色的美国总统都表示，讲清楚话需要通过训练和遵循一定的规则来实现。林肯曾告诉诺克斯维尔大学校长古利弗，自己童年时代就热衷于清晰表达："那是我最早的记忆之一，在我还是个孩子的时候，如果有人用我听不懂的方式同我交谈，我就会感到烦躁。我想我一生中没有因为其他事情生气过，但这总是会影响我的情绪，一直到现在。我记得有一次晚上，我偶然听到邻居和我父亲交谈后，在自己的小卧室里反复思索那些对我来说不太明白的话。我甚至为此难以入眠，一旦我的大脑来了灵感，为了记住它我就会一遍又一遍地重复，直到将其用我认为能理解的语言表达清楚为止。后来，这成了我的一个爱好，而这个爱好一直伴随着我。"另一位杰出的总统伍德罗·威尔逊为此也给出了一些建议，为本节作了一个恰当的总结：

我父亲是一位非常有才华的人，也是我最好的培训师。他特别反感不清晰的表达，从我开始写作起，我写过的所有东西都要给他看，一直到1903年去世，那时他已经八十一岁了。他总是让我把写的东西大声朗读出来，这让我很尴尬。他时不时地还会打断我的朗读："这里是什么意思？"我会以简单扼要的表达来回答他，于是他便教我："你为什么不像这样简明扼要地写呢？不要用小散弹来表达你的意思，要用步枪瞄准，直击要害。"

## 【经典摘录】

科学显示，从眼睛到大脑的神经比从耳朵到大脑的神经粗得多，这造成我们对视觉刺激的关注度是对听觉刺激的 25 倍。一个古老的中国谚语说："百闻不如一见。"因此，如果你想清晰地表达，就要运用形象的描述，形象化你的想法。

## 【本节解读】

演讲的最终目的其实是传递信息，那么怎样才能有效地向听众传递出演讲者想要表达的信息呢？卡耐基先生从七个方面进行了阐述：一是根据时间安排限制主题；二是安排思路顺序；三是为观点编号；四是将陌生的事物与熟悉的事物进行比较；五是将事实具象化；六是避免使用专业术语；七是使用视觉辅助。

有效的演讲者知道如何在有限的时间内让主题尽可能地得到充分展开，使其深度与时间长度相匹配，避免让听众感到压倒或者内容过于浅显。过于冗长和深奥的演讲可能使听众感到困扰或者失去兴趣，从而影响到信息的有效传递；过于简单或表面的内容又可能使听众觉得浅薄，没有深度，这也会削弱演讲的影响力。行之有效的方式是仔细思考自己希望听众从演讲中获得哪些关键信息或观点，然后围绕这些核心观点设计和组织演讲。

对于任何一种复杂的信息，一个清晰、有逻辑的结构都能使其更易于理解和记忆。演讲者可以将主题分解为几个关键的部分或观点，从而让演讲者更清晰地理解自己的主题，并能确定哪些是最重要的信息。演讲者还需要考虑这些观点之间的关系，以及它们应该以何种顺序进行呈现才能最有效地向听众传达主题。一个清晰的结构可以帮助听众更容易地跟随演讲者的思路，理解其观点，从而让演讲更具说服力。

卡耐基先生还提出了一种强调重点并增强信息清晰度的好方法，为观点编号，它可以帮助听众更好地理解和记住每个观点，同时也能使演讲的结构更加清晰。如卡耐基先生建议演讲者将陌生的事物与熟悉的事物进行比较。这样一来，听众就能通过已知的事物来理解未知的事物，从而使新的和复杂的信息变得更容易理解。

将事实具象化也是一种非常有效的策略。具体、生动的例子和故事可以将抽象的观点变得更加鲜明和有趣，让听众更加深入地理解你所表达的信息。

演讲过程一定不要大量地使用专业术语，除非你的听众都是该领域的专家，否则过多的专业术语可能会使他们感到困惑或排斥。演讲者应该用简洁、易懂的语言来表达。

演讲并不意味着只能靠演讲者一个人努力表演，还可以借助一些视觉辅助工具，如幻灯片、图表或视频，这能让你的信息更加吸引人和易于被理解。视觉辅助工具可以帮助你突出重点，描绘复杂的概念，或者引起听众的情感反应。

# 第三节　在演讲中说服听众

故事开始于一个小团体，在这个小团体中，人们都被一个名叫莫里斯·布莱特的人吸引。他就像一场飓风，席卷着这个团体。这里是其中一位团员的描述：

我们聚在芝加哥的一张午餐桌前，而餐桌的对面是一个很有影响力的演讲家。当他站起来演讲时，我们紧盯着他。他是一个精干、和蔼的中年人，开始时他显得非常平静，感谢了我们的邀请。他表示想谈论一些严肃的话题，希望这些问题不会打扰众人。随后，他开始了，之前的平静如水马上掀起一股飓风。他身体前倾，目光牢牢锁定我们，声音虽不高却十分有力。

他说："看看你们周围，互相看看你们彼此。你们知道在这个房间里将有多少人会死于癌症吗？45岁以上的人中有四分之一！四分之一！"

他停了一下，然后脸上露出了轻松的表情，继续说着，"这是一个残酷的事实，但我们不必轻言放弃。我们可以通过癌症治疗和寻找癌症原因来做些改变。"

他严肃地看着我们，目光在桌子上移动着。"你们愿意为此做些什么吗？"当时，除了"愿意"以外，还会有其他的回答吗？当然不会，大家发出异口同声地回答："愿意！"

在不到一分钟的时间里，莫里斯·布莱特就成功吸引了我们的注意力。他将我们每个人都带入他的话题中，让我们站在他的一边，支持他为人道主义事业而奋斗。无论何时何地，获得听众的好反应都是每个演讲者的目标。恰巧，布莱特先生有一个极好的理由希望我们给予好评。他和他的兄弟赛纳，凭借微不足道的起点，建立了一个年销售额超过 1 亿美元的百货连锁店。经过多年的艰苦奋斗，他们获得了斐然的成绩，但纳撒尔却突然死于癌症。此后，莫里斯·布莱特成立的布莱特基金会向芝加哥大学的癌症研究项目捐赠了 100 万美元，并放弃了自己的商业生涯，开始积极向公众普及抗癌知识。

这些事实，加上莫里斯·布莱特的个性，赢得了我们的支持。真诚、认真、热情、强烈的决心，这些因素使我们对演讲者产生了共鸣和友好感，愿意被他所感染和感动。他把自己的热情和时间奉献给了一项伟大的事业，就像在演讲中向我们奉献自己的几分钟一样，这些因素把我们带入了赞同演讲者的情绪中。

## 一、以真诚和品格赢得信任

昆第廉将演讲家描述为"善于演讲的好人"。"好人"在这里指的是他的真诚和品格。本书中所讲述的内容，以及以后可能会讲述的任何内容，都无法取代演讲中的这一重要属性。

皮尔邦德·摩根说过，品格是获得信用的最佳方式；它也是赢得听众信任的最佳方式。亚历山大·伍尔科特说："一个人说话真诚，他的声音就像涂上了真相的色彩，这是任何撒谎者都伪装不来的。"尤其当我们演讲的目的是说服时，必须点燃真诚，从而阐述我们自己的想法。在试图说服他人之前，我们必须先被自己所说服。

因此，我们需要通过真诚和品格来赢得听众的信任，这是演讲成功的第一步。

## 二、获取肯定的回应

曾任美国西北大学校长华德迪尔·斯曾说："每个进入头脑的想法、概念或结论，除非受到某些相反的想法的阻碍，否则都被视为真实。"这意味着需要让听众保持肯定的心态。我的好朋友哈利·奥维尼教授曾在纽约市的新社会研究学院做过一场演讲，深入分析了这一概念的心理背景：

熟练的演讲者在一开始就能获得许多肯定的回应，这使得听众的心理在一开始就会朝着肯定的方向运转。这就像台球的运动一样，将它向一个方向推动，就需要一定的力量才能偏离它，而要将它推回相反的方向，则需要更大的力量。

这里的心理模式非常清晰。当一个人说"不"，那么他所表达的并非一个字，往往还有他整个生理机能，包括腺体、神经和肌肉，都处于一种拒绝的状态。尽管这种身体语言通常表现得比较微小，但有时也能观察到明显的生理退缩，或者退缩的兆头。总之，整个神经肌肉系统都在警惕地抵制接受。相反地，当一个人说"是"的时候，就不会表现出任何的退缩活动，身体反而是处于前进、接受和开放的状态。因此，在一开始就能诱导听众说出更多的"是"，我们就越有可能成功地吸引他们的注意力，并为我们最终的建议赢得支持。

这个"是"的回应技巧非常简单，但是却经常被人们忽视。通常，人们会在一开始就表示反对，以此来体现自己的重要性。但是这样做真的有必要吗？答案是否定的。如果一个人单纯为了寻求快感，那这么做尚且理解。但如果他希望取得演讲的成果，那么这就是在反其道而行之。

那么，如何在一开始就获得听众的积极回应呢？方法相当简单。林肯曾经说过："我在争论中取得成功的方法是先找到一个共同点。"即使是在讨论非常敏感的问题时，林肯也能找到双方都可以同意的共同点。例如，他曾在一次演讲中让对手在前半个小时内都同意他的观点，然后逐渐引导他们，最终把他们都带到了自己的阵营里。

一个演讲者如果在一开始就与听众争辩，往往只会激起他们的逆反心理，使他们处于防御状态，从而再也难以改变他们的想法。因此，演讲一开始就说"我将证明如此如此"可能会被听众视为一种挑战，然后心里默默较劲"我倒要看看你是不是真的能做到"。相反，更明智的做法是先强调一个你和所有听众共有的观点，然后就此提出一些大家都想要知道的问题。接着，你便带领听众一起认真寻找答案，清晰地陈述你所看到的事实，在这个过程中，他们会更加信任自己发现的真相，从而接受一起发现真相的你以及你的观点。

在任何争议中，无论分歧多么大，多么激烈，总会有一两点共识，演讲者可以通过这一两点共识拉近彼此关系。比如，在1960年2月3日，英国首相哈洛·麦克米伦在南非议会发表演讲，那时正处于种族隔离政策盛行的时期，而他要演讲的内容则是为联合王国阐述非种族主义。明智的他并没有单刀直入这个观点，而是先强调南非取得的巨大经济进步、南非为世界做出的重要贡献。接着，他再有技巧地提出了有歧义的问题。即使提出了歧义，他也表示这些歧义并不影响真诚的信念。

整个演讲构思精妙，令人想起林肯在福特桑特堡之前发表的温和而坚定的演讲："作为英联邦的成员，我们诚挚地希望给予南非最大的支持和鼓励，但请不要介意我的坦率，有些方面的政策使我们无法这样做，因为这会违背我们对于自由人民政治命运的深刻信念，而这正是我们正在努力实现的目标。我认为，作为朋友，我们应该一起面对这个现实，而不是去归咎于任何一方，认识到在当今世界，我们在某些观念上的确存在着差异。"

像英国首相麦克米伦这样的表述方法则很容易打消反对的声音，因为这种表述代表着演讲者是一个公平公正的人。试想，如果麦克米伦一开始就强调政策上的分歧而不是共同点，那会有什么结果呢？

心理学家詹姆士·哈维·罗宾逊在他的书《思想的起源》中对这个问题进行了解释：毫不犹豫地改变想法并不难，但如果有人告诉我们错了，就会激起逆反心理，从而更坚定自己的立场。信仰在形成时往往并没有多坚定，但当有人提议抛弃它们时，反而会对这种信仰产生一种莫名的热情。这说明，我们看重的并非想法本身，而是受到威胁的自尊心。

"我的"这个小小的单词在人类事务中扮演着最重要的角色，从意识到"我的"开始，人类的自我意识开始觉醒。不管是我的晚餐、我的狗、我的房子，还是我的信仰、我的国家和我的上帝，它都具有同样的力量。我们不仅会反感别人指出我们的手表出了问题，车子不太好，而且会反感别人质疑我们对火星运河、"爱比克泰德"的发音、水杨酸甲酯的药用价值，或是萨尔贡一世的时间等一系列观念是否正确。我们喜欢继续相信我们习惯接受的东西，而当它们遭受怀疑时，愤怒会让我们找到各种借口来继续坚定这些观念。结果是，我们大多数所谓的推理其实是在寻找继续相信我们已有信念的理由。

### 三、充满感染力地演讲

当演讲者带着热情和感染力表达自己的思想时，听众很少会产生相反的想法，因为它能排除所有负面和反对的想法。当你的目的是要说服别人时，记住激起情感比唤起思想更有成效，真诚、热情的感觉总是比冷静的思想更具说服力。无论一个人可以虚构多少细枝末节的词语，无论他可以组合多少例子，无论他的声音是否和谐，手势是否优美，只要他的言辞不真诚，这些都将变成空洞而华丽的外衣。如果你想给观众留下深刻的印象，首先要深深地感动自己。这样，你的思想才能通过眼神、声音和举止传递给观众。

每次演讲，尤其是当你的目的十分明确，就是说服别人时，那么请一定注重自己的言行，因为它们是决定听众态度的关键。如果你没有激情，那么他们也不会有；如果你轻率和敌对，他们也会如此。亨利·沃德·比切尔曾写道："当会众睡着时，只有一件事可做：让礼堂管理员拿根锐利的棍子戳一戳讲道人。"

我曾经是哥伦比亚大学授予柯蒂斯奖的三名评委之一。有六名本科生接受了精心培训，都渴望表现出色。但是，除了一个人以外，其他人都是为了赢得奖牌而努力。他们选择了这些主题，因为这些主题适合演讲发展。他们对自己所发表的论点没有深刻的个人兴趣。他们的连续演讲只是演讲技巧的练习。

那个与众不同的例外是一个祖鲁王子，他选择的主题是"非洲对现代文明的贡献"，演讲中他为每个词语都注入了强烈的感情。他的演讲不是演练，而是一件有生命的事物，生于信念和热情。作为本民族的代表，他用智慧、高尚的品格和善意，给该民族带去希望，同时也博得我们的理解。尽管他在演讲技巧上可能不如其他两三位竞争者，但我们评委一致认为他的演讲充满了真诚，并闪烁着真理之光，其他的演讲在他面前就像是微弱的煤气灯。这位王子于是在遥远的国度领悟到这样一个真理：要想打动别人，首先要用真诚深深地打动自己。

### 四、尊重和关爱你的听众

诺曼·文森特·皮埃尔博士在谈到职业喜剧演员时说："人的个性需要爱，也需要尊重。每个人都有内在的自我价值感、重要性和尊严。伤害这些，你就永远失去了那个人。"因此，当你爱和尊重一个人时，你会让他变得更好，相应地，他也会爱和尊重你。

我和一位演讲者曾在一个节目中合作过，我虽然不太认识这个人，但后来当我看到他遭遇失败后，就立刻猜到了原因。

我就坐在他旁边安静地等待自己的演讲。他突然问道："你紧张吗？"我回答道："是的，每当我站在听众面前演讲时，总会有点紧张。我非常尊重听众，这份责任感让我有些紧张。你不紧张吗？"

"不，为什么要紧张呢？不管你讲什么听众都会感到兴奋，因为他们都是一群傻瓜。"

"我不同意你的看法，他们是一个演讲者的最高评审，我非常尊重听众。"我很坚持自己的看法。

当皮埃尔博士得知这个人渐渐失意于演讲台时，他十分确定这个人失败的原因，就在于对待听众的态度。对于我们学习演讲的人来说，这是一个很好的教训！

## 五、以友好的方式开始

曾经有一个无神论者向威廉·佩里发起挑战，要求他证明天地间本就没有神的存在。佩里淡然一笑，取出手表，打开表盒，深情而优雅地说："如果我告诉你，那些杠杆、轮子和弹簧竟能自我生成、组合并开始运转，你一定会质疑我的智商吧？当然，你肯定会。现在，请仰望天上的星辰，它们在井然有序的宇宙中，展现着完美的轨迹与动态。每颗行星环绕着太阳旋转，每颗星辰则是另一个太阳，伴随着自己的星系翱翔于宇宙之中。然而，它们竟没有任何的碰撞、干扰或混乱，一切都是那么地和谐而优美。难道你以为这一切是偶然的吗？还是说这出自造物主的鬼斧神工呢？"如果佩里一开始就用攻击和贬低的语言回应无神论者："没有神？你真是瞎了眼，不知天高地厚。"双方必然会陷入无谓的口水战。因为对于无神论者来说，这是他的观点，一旦受到攻击便会怒火中烧，执意捍卫自己的立场。因此，我们要始终以友好、温和的态度去开展对话和交流，而不是采用刻薄和攻击的方式。

既然骄傲是人性中最容易突显的特征，为何不让一个人的骄傲为我们所用呢，这不必让它与我们作对不是更好吗？可是如何做到呢？正如佩利所做的那样，展示给对手那些与他的观念相似的观点，这会让对手放下戒备，更容易接受我们的提议。这样做还可以避免激烈的对抗和矛盾，从而破坏了沟通。

佩里深谙人类思维的运作方式，然而大多数人根本不了解这里面的微妙关系，因此无法和谐地进入他人的信仰圣地。他们错误地认为，攻占圣地，就必须采取正面进攻的方式。结果怎样呢？一旦敌对关系开始，吊桥就会升起，大门闭锁，守卫者拿起长弓射箭，一场激战就开始了。最终争端不了了之，双方都没办法说服对方。因此，我们应该让一个人的骄傲为我们所用，而不是成为我们的敌人。

这个明智的方法其实并不新奇的，早在古代，保罗就使用过这种方法。他在马其顿山上向雅典人发表的著名演讲中，就巧妙地运用了这种方法，其高超的技巧和精湛的艺术在 19 个世纪后期仍被人奉之瑰宝。保罗是一位受过卓越教育的人，他的才华和品格让他成了基督教的伟大领袖。

有一天，他去到雅典这个曾经辉煌如今已然迈入衰落的城市，当时的雅典人和旅客"除了街头巷尾闲谈一些新鲜事物，别无他事"。

没有收音机，没有电缆，没有新闻报道，雅典先辈们在那些日子里很难找到些乐子以打发无聊的下午时间。正在这时，保罗来了，他带来了一些新鲜的东西，于是雅典人将他团团围住，他们对这个陌生人和他带来的那些新奇的言论感到有趣、好奇。他们把他带到阿留古斯山，问他："请告诉我们，你所说的那种新教义是什么？我们想知道你所说的那些奇怪的话究竟是什么意思。"

换句话讲，他们其实是在变相地邀请保罗发表演讲，保罗当然毫不犹豫地同意了，因为这正是它来此地的目的。他大概选择站在了一块还算整齐的大石头上，像一名优秀的演讲者一样正准备它的演讲。他甚至还有一丝丝紧张，于是悄悄抹了下他的手，清了清喉咙，正式开始了演讲。

其实他并不赞同雅典人向他发出邀请时所用的措辞，"新教义……奇怪的话"。这是错误的，他必须根除这些想法，否则它们很容易变成滋生矛盾和冲突的沃土。必须要把它与他们已经深信的东西联系起来，从而扼杀不同的声音。但是，该怎么做呢？他思考了一会儿，想出了一个绝妙的计划，于是他开始了那场名扬千古的演讲："雅典人哪，我看你们凡事很敬畏鬼神。"

有些翻译将保罗的话译为"你们非常虔诚"，但我认为用"敬畏"两个字更好。因为古代雅典人崇拜许多神灵，对鬼神十分敬畏，他们也为此感到骄傲。保罗的这番话实际上是夸奖了他们，让他们心生愉悦，于是开始对他产生好感。

此外，在有效演讲的艺术中，支持陈述的一个原则是要用一个生动的例子进行说明。保罗恰恰做到了这一点，他通过引用"未识之神"这一祭坛的例子，证明了雅典人的确对鬼神非常敬畏。

面对众多神灵，他们唯恐厚此薄彼，以至于建立了一座供奉"未识之神"的祭坛，这相当于一种全面的保险政策，以防止怠慢和疏忽任何一位神灵。保罗提到这个特定的祭坛，表明他不是在恭维，而是发自观察的真正赞赏。

这里正好体现了保罗开场白的妙处："所以，你们敬畏那些不认识的，我现在告诉你们，'新教义''奇怪的话'并非未知之神，他就在你们所敬畏的那些神灵里，它们是上帝和真理，你们只是没有意识到而已。"把他们不相信的事物，比作他们已经热情接受的事物，这就是他高超的技巧。

保罗在讲完救赎和复活的教义之后，引用了一些古希腊诗人的话。虽然有些听众嘲笑他，但还有一些人表示愿意再听听他的看法。

在我们做演讲时，要想打动和说服别人，就需要将自己的想法植入到听众的思维中，并防止他们产生相反和对立的想法。那些擅长做到这一点的人在演讲和影响他人方面有着很强的能力。我的《人性的弱点》一书中提出的规则就可以帮助我们做到这一点。

你每天都会与持有不同意见的人交谈，无论是在家里、办公室还是社交场合。你经常试图说服别人，让他们接受你的观点吗？你的方法是否可以改进？那该怎么做呢？是否可以学习林肯和麦克米伦的策略？如果你能做到这些，那你已经成为一位非常有外交手腕和谨慎的人。

我们可以牢记伍德罗·威尔逊总统的话："如果你来找我，说'让我们坐下来商量一下，如果我们意见不同，就理解一下为什么意见不同，找出问题的核心所在。'我们很快就会发现，我们其实意见并不那么不同，我们不同意的观点很少，而我们同意的观点很多。只要我们有耐心、诚恳并且真心，我们就能够达成共识。"

## 【经典摘录】

无论一个人可以虚构多少细枝末节的词语，无论他可以组合多少例子，无论他的声音是否和谐，手势是否优美，只要他的言辞不真诚，这些都将变成空洞而华丽的外衣。

既然骄傲是人性中最容易突显的特征，为何不让一个人的骄傲为我们所用呢，这不必让它与我们作对不是更好吗？可是如何做到呢？正如佩利所做的那样，展示给对手那些与他的观念相似的观点，这会让对手放下戒备，更容易接受我们的提议。这样做还可以避免激烈的对抗和矛盾，从而破坏了沟通。

## 【本节解读】

演讲的目的，并非只是一场单纯地信息输出，最终目的是要通过语言分享演讲者的观点和思想，并得到台下听众的赞同和支持。那么问题来了，短短几分钟或几个小时的时间，真的能让意见不一致的听众认可你的观点吗？这又是怎样做到的？

卡耐基先生为广大演讲者阐述了说服听众的五大技巧：一是以真诚和品赢得信任；二是获取肯定的回应；三是充满感染力地演讲；四是尊重和关爱你的听众；五是以友好的方式开始。

信任是说服的基石，听众如果压根不相信这位演讲者，那么他们就不可能被说服。要赢得听众的信任，演讲者需要表现出真诚和诚实，坦率地表达自己的观点和想法，并避免夸大或歪曲事实。演讲者还需要展现出自己的道德品质，比如诚实、公正和尊重，这样听众才会相信演讲者的言论是出于善意和公正，善意和公正的言论是值得任何人信赖的。

为了获取肯定的回应，演讲者可以从自身和听众都同意的事实或观点展开，这样可以建立共识，让听众更愿意接受演讲者的其他观点。演讲者也可以通过提问或者邀请听众参与来获取他们的肯定回应，这样可以让他们更为清楚地体会到参与感。

演讲者的情绪和热情往往可以直接渲染气氛，从而影响到听众。演讲者如果对主题充满热情，那么听众就更容易被演讲者的观点所吸引。演讲者可以通过语言加强感染力，从而迅速引起听众的共鸣和赞同。

演讲者需要尊重听众的观点和感受，哪怕他们并不同意你的观点。一旦听众感到被尊重和关心，就很有可能倾听你的观点从而被说服。

卡耐基把"友好的方式开始"放到了最后一点，这是因为这点尤为重要，这就像人们总是对他人的第一印象十分深刻。演讲的开头是建立关系和建立氛围的关键。一个积极、友好的开头可以让听众感到舒适和欢迎，从而让他们更愿意听取和认同你的观点。

# 第四节　即兴演讲的技巧

不久前，一群商界领袖和政府官员聚集在一家制药公司新实验室的落成仪式上。会上，研究主任的下属一位接一位地站起来，讲述化学家和生物学家们正在进行的这项工作。原来，他们正在研发新的疫苗来对抗传染病、新的药物来对抗病毒、新的药品来缓解紧张情绪。其研究结果已取得斐然的成绩，先是在动物身上进行了临床试验，接着又在人体实验上取得很好的效果。

"这太神奇了！"一位官员忍不住感叹，同时他对研究主任说提出了自己心中的困惑，"你带领的团队是魔法师团队吧！但是为什么你自己不站起来讲讲呢？"

"我只会对着我的脚讲话，而不是对着听众，"研究主任无奈地拒绝道。

然而很快，这位官员做出了一个令人震惊的决定。"在场的所有人，我们还没有听到我们的研究主任发言，他不喜欢做正式的演讲，但现在我要邀请他向我们说几句话。"

结果很可悲，研究主任站起来只讲了寥寥数语就忐忑地退了场，下台前还不忘为自己的简短的发言而道歉，仅此而已。无疑，研究主任是专业领域内最杰出的人才，但是他此时此刻却看起来像一个笨拙的人。

这种尴尬其实本可以避开的，只要他学会一点即兴演讲的技巧。在我们的课程中，我从来没有见过一个认真而有决心的学员学不会这个技巧的。首先，我们需要拒绝那种灰心丧气的态度，而是要有坚定的决心；其次，可能需要很长时间的毅力去完成这项任务，无论多么困难。

你可能会说："只要给我充分准备和练习的时间，我一定会表现得很好。但是如果要我即兴发言，我就不知道该说些什么。"其实，迅速组织思路并即兴演讲的能力，比充分准备后才能进行的演讲的能力更为重要。现代商业的要求和口头交流的随意性，使我们必须能够快速地组织思维并流畅地表达。今天影响工业和政府的许多决策都是在会议桌周围做出的，虽然个人仍然有发言权，但他的发言必须在群体意见的论坛中脱颖而出。这就是即兴演讲的能力所体现的价值。

## 一、练习即兴演讲

任何一位智力正常且具备一定自控能力的人都可以做出一个令人满意的甚至是杰出的即兴演讲，这其实也就是"随性而谈"。有几种方法可以提高即兴演讲的能力，其中一种方法是使用一些著名电影演员使用过的技巧。

很久以前，演员道格拉斯·费邦克在《美国杂志》上写了一篇文章，讲述了他、查理·卓别林和玛丽·皮克福德每晚都玩的一种智力游戏，这种游戏他们持续了两年。这个游戏不仅仅具有娱乐功能，更能锻炼思维能力和即兴演讲的能力。

游戏规则很简单，他们每个人写下一个话题，然后折起来放在一起，随机选一个话题，选中的人必须在60秒内即兴演讲。他们从不重复同一个话题，有一次，费尔班克斯抽到的演讲主题是"灯罩"，这可不是个简单的演讲题目，然而他竟然成功做到了。

"最重要的是，我们自从开始玩这个游戏以后，三个人都变得更加敏锐了。我们对各种各样的杂项话题都有所了解了。但比这更好的是，我们学会了在短时间内组织自己的知识和思想，提高随时应对任何话题的能力。这让我们变得思维敏捷。"

在我的课程中，学员们会被多次要求即兴演讲练习。这种练习有两个作用：一是向班级成员证明他们能够灵活应对，随时进行即兴演讲；二是增强他们在做准备好的演讲时的安全感和自信。他们会意识到，即使遇到最糟糕的情况，如在常规演讲时出现了失误，他们仍然可以以即兴演讲的思维继续话题，直到他们重新回到演讲的正轨。因此，在某个时候，在我的课上，学员会经常听到这样的话："今晚，每个人都会被要求进行即兴演讲，只是不到上台你们不会知道演讲的题目是什么。祝你们好运！"这样的练习已经被长期验证，能够提高学员们的演讲能力和信心。

会计师可能被要求谈论广告，广告销售员可能需要讲幼儿园，而学校老师可能被要求谈论银行业。不熟悉的领域会让大家不知所措，但他们从没有轻易放弃。最后，大家放弃把自己伪装成专家，而是将主题与自己熟悉的事物联系起来，进行谈论。尽管初次尝试通常不会有令人满意的表现，但他们仍会勇敢地站起来并发表演讲。

对于一些人来说，这种突如其来的演讲可能很容易，但对于另一些人来说，这是一项艰巨的挑战。然而，不论怎样，这种练习都能让大家意识到自己可以比原本想象的做得更好。这种体验让他们为之兴奋，让他们认识到自己解锁了一项新能力。因此，在我的课程中，我经常要求学员进行即兴演讲。通过这种实践，他们不仅证明了自己可以在即兴情况下表达自己的思想，而且更提高了在常规演讲中应变突发情况的能力。

我相信，只要有意愿和自信，任何人都可以很容易做到这一点，而且越多尝试就越容易。我们还采用另外一种即兴演讲训练法，称为"链接技巧"，这是独属于我们课程的一个小惊喜。

连接技巧是这样的，要求一个学员用最神奇夸张的方式进行开场，他可能会这样说："前几天我在驾驶直升机时，发现一群飞碟正在向我靠近。我开始下降，但已经被最近的飞碟盯上了，驾驶飞碟的一个小个子向我开火……"这时，中断他的讲话，换其他学员继续讲这个故事。当每个人都接力完成这个任务后，这个故事有可能会结束在火星的某条河道上，或联合国国会大厅之类的。然而，这种无准备的演讲技能训练方法是非常有成效的，越多的去练习，他在处理商业和社交事务中就越游刃有余。

## 二、随时准备即兴演讲

一般来说，让你在没有准备的情况下进行发言，往往是因为你是这个领域的权威或专家。这时候，最大的问题是正视发言的情境，然后决定在短时间内要讲些什么。较有用的方法是进行心理建设，即随时会被叫上场的准备。

当你参加会议时，不断地问自己，如果你被叫到发言了，你会说些什么？现在哪方面的主题最适合谈论？你将如何措辞你对现场提出的议案的赞成或反对意见？

所以，我提供的第一条建议是：随时做好即兴演讲的准备。这需要你进行有效的思考，而思考是世界上最难做的事情。但我敢肯定，如果从不进行思考，将没有一个人能成为一个即兴演讲家。这种思考，就像一个航空飞行员在飞行过程中总会做好各种突发事件的预设一样，只有这样，当灾难真的来临时，它才能保持冷静并精确地去解决问题。

换句话说，这种发言实际上并没有多少"即兴"成分，它们也是经过一番准备的。因为主题已通过思考确定下来，接下来的问题只是如何组织语言以便适合此时此刻，此情此景。所以无需因为你没有准备而道歉，你只需尽快进入主题即可。请时刻铭记这一点。

## 三、立刻进入例子

为什么要快速地进入到例子中？有三个原因：

你将立即从冥思苦想下一句话的困境中解脱出来，毕竟即使在即兴演讲的情况下，经验之谈也可以信手拈来；

你将开始逐渐适应演讲的节奏。你一开始的紧张感会消失，从而给你机会逐渐适应你的主题；

你将立即得到听众的注意力。正如其他章节所指出的，事例或例子是立即吸引注意力的最佳办法。

当听众被你充满人情味的例子所吸引时，他们就是你演讲初期最大的安慰和动力。沟通是双向的过程，一个能够吸引听众的演讲者会立刻意识到这一点。当他注意到听众对他的接受和肯定，并感受到期待的热情时，两者之间就架构起了情感的桥梁，他会受到鼓舞，从而尽自己最大努力继续说下去。因此，演讲者和听众之间建立的这种共鸣是所有成功演讲的关键，如果没有这种共鸣，是不可能形成真正的沟通的。这就是为什么我强烈建议你在被要求演讲时，从一个例子开始。

## 四、以生动有力的语气表达

正如本书先前多次强调的那样，如果你以生动、有活力的语气去表达，这种富有朝气的外在表现将对你的思维过程产生有益的影响。你是否曾经观察过如果一个人在交谈中突然开始做手势，那么他很快就会变得口若悬河，有时甚至会神采飞扬，吸引一群热心的听众。身体活动与思维之间的关系是密不可分的。我们使用相同的词汇来描述手动和脑力操作，例如，"我们领会了一个想法"或者"我们抓住了一个思想"。正如威廉·詹姆士所指出的，一旦我们让身体充满活力和生气，我们的思维就会开始快速运转。因此，我给你的建议是，在演讲中毫不犹豫地投入自己，这将有助于确保你作为即兴演讲者的成功。

## 五、应用以下原则

总有一天，你可能会被人拍拍肩膀，说："来说几句吧？"甚至一点预警都没有。或许那时你正在惬意地享受主持人的演讲，这才突然意识到他所谈论的正是你。所有人都转向你，就那么唐突地，你就被介绍为下一个演讲者。在这种情况下，你的思维可能会像史蒂芬·利考克著名的但迷惑不解的骑手一样乱成一团，四处奔波。请一定保持冷静，可以向主持人寻求一点喘息时间。接着，在你的讲话中，最好紧扣会议议题，围绕听众自身和他们所从事的活动展开。因为听众最感兴趣的就是他们自己和他们正在做的事情。那么，你可以从以下三个方面获取即兴演讲的灵感：

第一，要把听众放在心中，这是轻松演讲的关键。关注听众，谈论他们是谁，他们在做什么，特别是他们为社区或人类做出的具体贡献。最好使用一个具体的例子来说明，这样可以使你的演讲更加易懂和生动。

第二，要考虑演讲的场合。你可以着重讲述召开此次会议的背景和情境。是庆祝周年纪念日，颁发奖项，还是年会、政治性聚会？根据不同的场合进行演讲，可以让你的话语更具针对性和吸引力。

最后，如果你一直是一个专注的听众，你可以在发言之前表达你对之前的演讲者所说的某个具体观点的喜爱，并加以发挥。最成功的即兴演讲是那些真正没有预备的演讲，它们往往能表达演讲者内心对听众和场合的感受，与整个情境相得益彰，如同量身定制一般完美契合。这样的演讲只适用于特定场合，因此也独具魅力，最终它们在当下所迸发出来，就像一朵罕见绽放的玫瑰，绽放后便迅速凋谢。但是，听众所享受到的愉悦感却长久存在，很快你就会被认为是一个擅长即兴演讲的演讲者。

## 六、请不要随口乱讲，而是来一场真正的即兴演讲

如上述陈述所示，两者是有区别的。仅仅随口乱讲、把一堆无关的东西用脆弱的联系凑成一篇演讲是不够的。你必须将自己的思想

围绕一个中心思想富有逻辑地组织起来，而这个中心思想也许就是你想要传达的关键信息。你的例子也应该紧密围绕着这个中心思想。此外，如果你充满热情地讲话，你会发现自己脱口而出的话极具活力和感染力，而这是常规演讲所欠缺的。因此，不要仅仅随口乱讲，而要发表一场真正有力的即兴演讲。

如果你认真领会本节所提出的建议，就可以成为一位出色的即兴演讲者。你可以通过本节一开始介绍的课堂技巧进行练习。在会议上，你可以进行一些初步规划，时刻保持警醒，做好自己随时被召唤的准备。同时，请认真听取其他演讲者的发言，并尝试将自己的想法简明扼要地表达出来。当机会来临时，尽可能清晰地表达你的想法，思索人们想要听的，然后简短地表达它们，仅此而已。

建筑师和工业设计师诺曼·贝尔·格德斯曾说过，除非他站起来讲话，否则无法将自己的思想转化为言语。在他与同事们讨论复杂的建筑或展览计划时，他总是在办公室里来回踱步，这样才能保证最好的发挥。当然，他也不得不学会坐着演讲。与此相反，对于我们大多数人来说，我们需要学会站着演讲。不管站着还是坐着，关键在于要勇于张口。在一开始，可以先进行一次简短的演讲，然后再开始下一次、再下一次、再下一次。

我们会逐渐发现，每次演讲都会比之前更加出色，随着演讲次数的增加，会变得更加熟练自如。最终，我们得以领悟原来向一群人即兴演讲，只不过就像一场更漫长的朋友间的畅聊。

## 【经典摘录】

但我敢肯定，如果从不进行思考，将没有一个人能成为一个即兴演讲家。这种思考，就像一个航空飞行员在飞行过程中总会做好各种突发事件的预设一样，只有这样，当灾难真的来临时，它才能保持冷静并精确地去解决问题。

对于我们大多数人来说，我们需要学会站着演讲。不管站着还是坐着，关键在于要勇于张口。在一开始，可以先进行一次简短的演讲，然后再开始下一次、再下一次、再下一次。

## 【本节解读】

当你在某个公众场合，毫无准备地被主持人要求进行当众发言，相信大多数人都会方寸大乱，难以应对，就像卡耐基在本节开篇提到的那位研究主任，站起来只语无伦次地讲了几句便忐忑不安地退了场。

"我只会对着我的脚讲话，而不是对着听众"，这是大多数人面对当众演讲时内心深处的声音，那么是否有办法能很好地应对这种尴尬的场面呢？当然有，卡耐基先生从以下几点帮我们解决困境：一是练习即兴演讲；二是随时做好即兴演讲的准备；三是立刻进入例子；四是以生动有力的语气表达；五是掌握一点技巧；六是不要把一场演讲变为随口乱讲。

即兴演讲是一种临场发挥的能力，而能力的提升离不开日常的练习。这就像运动员需要日常训练一样，人们也需要对即兴演讲进行反复的训练才能熟练掌握。你可以选择一些你熟悉或者不熟悉的主题，然后尝试用 5 分钟左右的时间进行演讲。通过练习，大多数人都可以熟悉演讲的过程，学会如何快速地组织语言和思维。

你可能会在任何时候、任何地点被要求进行即兴演讲，所以最好始终保持准备。这包括保持对世界的好奇心，可以通过多阅读、多思考来加深对世界的理解。这时，你就能对各种主题有更多的看法，为你随时进行的即兴演讲提供更多的素材。

当开始进行即兴演讲时，一时的慌乱是无法避免的，因此开场最好不要讲述太多的理论，而是给出一个例子，这能让你避免语无伦次。这个例子可以是一个故事，也可以是一个事实，只要它能够引起听众的兴趣。当你用例子开头，你就能立刻吸引听众的注意力，让他们更愿意聆听你的演讲。

接下来，可以用生动有力的语气去表达。你的语气可以影响演讲的效果。当你以生动有力的语气进行演讲时，你可以更好地吸引听众的注意力，更好地传达观点。所以，你需要学会如何控制语气，让演讲更具有感染力。

卡耐基先生还指出了一些即兴演讲中应遵循的原则，如把演讲的内容落脚在听众身上，关注听众，关心他们生活工作中的方方面面；考虑演讲的场合，让演讲内容更具针对性；你可以在发言之前表达对之前的演讲者所说的某个具体观点的喜爱，这往往会让你很快捕捉到听众的注意力。

最后，不要把一场演讲变为随口乱讲。即兴演讲并不意味着可以随意说话，你需要对自己讲出的话语负责，还要确保你的演讲有条理，有观点。否则，这场演讲就会失去其应有的价值。

# 第四章
## 沟通的艺术

本章的小节完全专注于演讲的主题。这里再次强调了本书第一部分提出的有效演讲的基础原则。富有表现力的结果源于赢得发言的权利，以及与听众分享信息的强烈愿望。只有这样，演讲表达才能自然而然地流露出来。

# 第一节　交流讲话的技巧

你相信吗？我们与世界接触的方式只有四种：我们的行为、我们的外表、我们的言语和我们的表达方式。本章节将重点讨论最后一种——我们的表达方式。

在我刚开始教授公共演讲课时，我花费了很多时间进行声音练习，旨在扩大声音范围和提高灵活性。但很快我就发现这种做法对成年人来说是毫无意义的，因为他们的发声已经固定下来，这几乎无法改变。于是我开始把之前花费在"膈式呼吸"等技巧训练上的时间和精力，转而用于转变他们的思想观念，让他们敢于释放自我，果然取得了立竿见影的效果。

## 一、冲破自我意识的外壳

在我的课程中，有几个环节是特别为那些无法放飞自我的成年人准备的。为了让他们摆脱束缚，冲破自我，我不惜恳求他们走出舒适区，亲身感受这个世界的热情。

我知道这并不轻松，但它值得去做。正如法国将领福楼拜所说："战争的概念很简单，但实施起来却很复杂。"事实上，最大的障碍并非来自身体，而是来自心理。这种思维是随着成长而形成的，已经僵化，难以改变，但它确实会阻碍我们发挥潜力和释放能力。

成年人的演讲教学的难点并不在于增加额外特点，而在于如何消除障碍，让他们表达自然，就像突然被人推了一把但仍然面不改色那样自然。我曾数百次在演讲者的演讲过程中制止他们，并恳求他们"像人类一样说话"。我也曾数百个晚上因为试图训练成年人演讲而感到精神紧张和筋疲力尽。

我在课程中，设置了一个情景对话的环节，其中一些对话特别要求用方言进行。我鼓励学员在这种情景表演中要毫不保留地投入感情，他们照做了，然后神奇的事情发生。尽管他们的表演拙劣而滑稽，像个傻瓜一样，但他们中的所有人都放飞了自我，甚至一些学员还展示出了惊人的戏剧才华。

我认为，一旦你能在一群人面前放下防备、放飞自我，那么你就能轻松驾驭任何需要你表达观点的场合，无论是当众的还是私下的。这种放飞自我的感觉就像囚禁在笼子里的鸟儿得以展翅高飞一样。人们喜欢涌向剧院和电影院的原因，恐怕是因为在那里他们可以体会他人不加掩饰地尽情表演，以及毫无保留的情感宣泄吧！

## 二、做自己而不是模仿他人

我们都欣赏那些能在演讲中展现表演技巧的演讲者，他们不怕表达自己，不怕用独特、个性化、富有想象力的方式向观众表达自己的观点。

在第一次世界大战结束后不久，我在伦敦遇到了两兄弟，罗斯·史密斯爵士和凯恩·史密斯爵士。他们刚刚完成了从伦敦到澳大利亚的首次飞行，赢得了澳大利亚政府提供的五万美元奖金。这件事在整个大英帝国引起了轰动，他们也因此被英国女王授予爵位。

著名的风景摄影师哈雷上尉也一同经历了那次飞行，还拍摄下了珍贵的运动画面。所以我帮助他们准备了一场以旅行为主题的图说演讲，并加以分别培训。演讲场地就在伦敦的音乐厅，每天下午和晚上各演讲一次，就这样他们的演讲持续了四个月。

人们很奇怪，同一场旅行，同一段经历，都是环球飞行，为什么两者的演讲却完全不同。因为演讲中不仅有文字的表达，更加入了演讲者的情感和风格，不同的演讲者，所注入的情感和风格自然是不同的。一场演讲，重要的不仅是你说了什么，还有你怎么说。

伟大的俄罗斯画家布鲁洛甫曾经修改过一位学生的绘画作品。学生惊讶地看着这幅被改动的画，惊叹道："只一点点的改动，竟感觉像换了一幅画。"布鲁洛甫回答道："艺术就是从一点点开始的。"

这个道理在演讲、绘画和帕德雷夫斯基的演奏中同样适用，处理文字时也同样如此。英国议会流传着一句古老的谚语，它说一切取决于演讲的方式，而不是演讲的内容。早在英国还是罗马的一个偏远殖民地时，昆第廉就已经说过这个道理了。

制造商曾经说过"所有的福特汽车都是完全相同的"，但世上却没有两个完全相同的人。每一个新生命都是独一无二的存在，之前从未有过，将来也不会再有。年轻人应该明白这个道理，并尽力挖掘和发展自己与众不同之处，尽管我们的社会和教育都是在让我们成为同质化的人，但这并不代表着磨灭个人意志，要知道这正是我们最有价值的财富。在每个人身上，都有一颗独特的火花，它是只属于我们自己的财富。

这个道理在演讲中更是显而易见的。世界上再也找不出与你完全相同的人。尽管亿万人类有着相似的面容，但没有一个人的外貌和你一模一样，也没有一个人拥有和你完全相同的特点、方法和思维方式。当你自然而然地演讲时，你就是独一无二的你，作为演讲者，这是你最珍贵的财富。你应该坚持、珍惜并发掘它，它能使你的演讲变得生动有力。我在此恳求大家，千万不要试图将自己塑造成某种固定模式，这会失去你的独特性，失去你唯一重要的特性。

## 三、与听众互动

我来举一个典型的例子，以便说明芸芸众生是如何谈话的。有一次，我在瑞士阿尔卑斯山的一个夏季度假胜地稍作停留，当时住在了一家由伦敦公司经营的酒店。这家酒店每周都会举办演讲，以便客人之间的互动和交流。这次演讲的是一位小有名气的英国小说家，她演讲的主题是"小说的未来"。然而，她一上场就交代自己对这个选题并没有什么有价值的内容可以分享。她只是匆匆做了一些笔记，就那么站在观众面前，眼神空洞，有时凝视着他们的头顶，有时关注她的笔记，有时又死死盯着地板。她漫不经心地说着话，但仿佛并不是在对着听众说话，无论眼神还是声音，都虚无缥缈。

与其说这是一场演讲，倒不如说是一场自言自语，它毫无与人交流的意思。而与人交流和互动，是好的演讲的首要条件。听众必须感受到，演讲者在努力地将自己的思想和情感传递到他们的思想和情感中。

我刚刚描述的那种演讲，听不会感受到任何信息传递，就像在荒凉的戈壁滩一般孤寂，似乎已经忘了它针对的一群有血有肉，活生生的人。

有关演讲的表达技巧，已经被写成了无聊而无趣的连篇废话。它们被包裹在规则和仪式中，让这个领域看起来很神秘的样子。老式的"修辞学"更是让演讲变得荒唐可笑，以至于商人们在图书馆或书店寻找所谓的《演说者的雄辩术》时，只能找到毫无用处的庞杂之作。社会在进步，而联邦国家的每个州，学生们仍在背诵华丽的演讲稿，这种方式就像松鼠头打气筒一样无用，像鹅毛笔一样过时。

自20世纪20年代以来，完全崭新的演讲学派已经兴起。与时代的精神相符，这种方式像汽车一样现代化和实用，像电报一样直接，像有效的广告一样务实。曾经风靡一时的言辞华丽现在已不再被现代观众所接受。

现代的听众，无论是商务会议上的十五个人，还是帐篷下的一千人，都期待演讲者像朋友聊天那样简单明快地交流，以私下交谈的形式展开，只不过稍稍再有力度、更有能量一些更好。当然，为了表现得自然，演讲者可能需要投入更多的精力，这就像楼顶上的英雄雕像做得越大，从地面看起来才更加栩栩如生。

当马克·吐温在内华达州矿区的一次演讲结束时，一位老探矿者问他："你平时就是这样说话的吗？"其实，观众希望的就是这样自然的语调，只不过需要稍微增强一下力度。

增强自然感的唯一途径是实践。在实践中，如果你发现自己的表达有些生硬，那就停下来，对自己说："我这是怎么了？醒醒！要自然一点。"接着，想象你的观众中有一个人，而且是最不起眼的那一个，想象与他对话的样子。比如他向你提出了一个问题，而这个问题只能由你来回答。想象他要站起来要和你交谈，你也站起来回应他。这样的对话会让你的演讲更像一次谈话，更加自然和直接。所以，请把这种想象当成真实正在发生的事。

你可以直接提出问题并回答它们，比如在演讲中间说："也许你们会问我，这个说法有什么证据？我可以回答，证据就在这里……"接着，就回答这个问题。这种做法自然而活泼，可以打破演讲容易陷入的乏味感。

在商会发表演讲时，你就当在和一个叫约翰·亨利·史密斯的普通人在自然交谈。说真的，商会会议，不就是一群叫约翰·亨利·史密斯的人聚在一起吗？如果你能和单个约翰·亨利·史密斯自然交流，那么在商会中为什么就做不到了呢？

还记得我之前曾经描述过一位小说家的演讲吗？就在几天后的某个晚上，我们在同一个酒店里听到了奥利弗·劳兹爵士的演讲，主题是"原子与世界"。爵士将半个世纪的时间都奉献给了"原子"，去思考它、学习它、实验它和调查它。他十分想把这些他奉献了大半辈子的东西，这些关联他思想和生活本质的东西都讲出来，于是他好像真的醉心于原子的世界了，绘声绘色地告诉观众有关原子的知识。他真心地在向观众传达他的所见所感。

结果怎么样呢？他发表了一篇非凡的演讲。它既有魅力又有力量，给人留下了深刻的印象。然而，我相信他自己并没有把自己看作是一个"公众演讲家"。我相信，醉心于这场演讲的人，也会忘记这是一台关于学术的演讲，更不会想到他是一个"公众演讲家"。

如果你在公众场合发言，却让公众一下子就能知道你曾接受过公共演讲培训的课程，那么这对培训你的老师而言可不是什么好消息，尤其这个老师在我这里任教。我的讲师一定会把你往高度自然的演讲方式去培养，自然到不着痕迹，至少听众联想不到你曾接受过演讲培训的程度。一扇好窗户不会引起注意，它只是让光线透进来，一位优秀的演讲者也应该如此。他是如此自然而又不失优雅，以至于听众从未注意到他的演讲方式，而只倾心于他的内容。

### 四、将真心融入演讲

真诚、热情、高度的认真态度也会对你的演讲有所助益。一个人的真心往往是被另一个人的真心调动起来的，情感的火焰能消磨一切障碍，那时他的言行举止都将变得自然。因此，归根结底，讲再多的演讲技巧，也要记得回归本书一再强调的核心：带着真心去演讲。这就是成功的诀窍。但我知道这样的建议并不受欢迎，因为它听起来太过主观，而普通人想要的可靠的规则、确切的条款，就像汽车操作指南一样精确、好把控的东西。

其实，这不但是他们想要的，也是我一直努力的方向，也确实有这样的规则，只不过它们根本行不通。这些规则会把一个人讲话时所有的自然、自发、生命和活力夺走。年轻时的我，已经浪费了太多精力去尝试它们，所以它们不会出现在我的课本上，正如乔希·比林斯调侃的那样："知道这么多行不通的事有什么用呢！"

### 五、声音强而有力、富有磁性

当我们向听众传达自己的想法时，会运用到身体上的许多部件，如耸肩、挥动手臂、皱起眉头、提高音量、改变音高和语调，以及根据场合和材料的调整语速。但这些都只是表象，而不是真正的原因，所谓的声音和身体上的变化，取决于我们的心理和情感状态。这就是为什么当我们在观众面前演讲时，必须有一项自己熟知且热切想要与人分享的话题。

随着年龄的增长，我们大多数人会失去年轻时的自然和随性，然后陷入一种固定而呆板的以身体和声音交流的模式。如不再那么愿意使用手势和动作，很少升高或降低我们的音高，接着养成说话过慢或过快的习惯，用词也不再讲究语序和逻辑。简而言之，我们失去了谈话的新鲜感和自发性。在本书中，我们反复强调要自然而然，但这不是让大家忽略不好的发音或单调的交流方式。相反，我们应该尽力提高自己的词汇广度、想象力和表达的变化和力度。这些是每个有自我提高意愿的人都要寻求改进的领域。

自我评估自己的音量、音高和语速方面的表现是一个绝佳的办法，可以借助录音机的帮助，也可以请朋友帮忙评估，当然有条件能请到专家的帮助会更好。不过，需要提醒的是，这些都是在无听众情况下进行的练习。当你在面对听众时，过于关注技巧反而会影响你的效果。你应该把自己的全部精力投入演讲中，专注于在听众中产生心理和情感的冲击，这样你会发现自己的语气更加强有力，比书本上学到的还要有效。

## 六、让演讲自然的方法

到此，有人一定会说："我知道怎样让演讲自然又不露痕迹了，只要强迫自己做到前面那些原则就可以了。"但事实恰恰相反，如果你强迫自己做去遵循这些原则，你就变成了一根呆板的木头，一个冰冷麻木的机器人。要想让演讲自然又流畅，最好的办法是平时与他人交流时无意识地运用这些原则。这样，在演讲中，自然而然地表现出来就不会有任何痕迹，当然想要达到这种境界需要勤加练习。

### 1. 讲究轻重缓急

我们在平常的交谈中都知道要着重强调重要的词语，同样地，在演讲中，我们也应该注重强调重点的词和句子。如果你细心观察别人的说话方式，会发现大家都在这样做，而你自己也一直在这样做。不信的话，可以读读下面这句话，重读那些加了引号的词语，看看效果怎样？

我从事的工作之所以都取得了"成功"，因为我一旦"下定决心"，就不会再"犹豫不决"，这点我比世上其他人都要强。

——拿破仑

当然，不同的演讲者会强调不同的词汇，这是因为演讲中的强调需视情况而定。

试着用热情洋溢的语调朗读下面这首小诗，看看自己是不是在强调重点的同时跳过了非重点的内容。

如果你认为自己已经被打败，你就失败了；

如果你认为自己从未被打败，你就永不失败；

如果你认为自己无法取得胜利，你就永远不会胜利；

生活就像一场战争，

胜负并不仅仅取决于力量和速度，

最后的胜利，

永远属于那些坚信自己必胜的人。

在人性中，没有什么比你坚定的决心更有力量了。一个懵懂的小男孩儿如果想成为一名伟人，他就必须做好直面千难万险的决心，哪怕经历千辛万苦，饱受挫折，这种坚定的决心也依然不会动摇。

——罗斯福

## 2. 讲究抑扬顿挫

平时，我们与他人交谈时，声音一定是高低起伏的，就像海浪一样连绵不断。虽然没有人会特别关注这个问题，但不得不说，这种说话方式往往让人感到愉悦和自然。其实，我们从孩提时就已经自然而然地掌握了这个技巧，并不需要特别的培训。为什么当我们长大后站在观众面前时，就忘记了这个技巧呢？我们的声音沉闷、平淡，就像内华达州一望无际的沙漠一样。

当你感到自己的声音平淡乏味时，最好停下来提醒自己："我现在说话的样子就像印第安人的木头雕像一样呆板无趣，台下的这些人，想要听到更有人情味、更自然的话语。"这种自我提醒对我们的演讲很有帮助，一点点的停顿和反思，就能带来巨大的改善。

在日常练习中，你可以用特殊标记来表示要强调的句子和词汇，就像你在平坦的草坪上种植上一棵月桂树，然后你可以按照这些标记来调整你的声音。

据我所知，布鲁克林公理会的牧师巴基斯·卡特曼博士就经常这样练习，而奥利弗·洛基爵士等著名演讲家也是如此。如果你仔细数数，会发现几乎所有的名人演讲家都遵循这条古老的法则。

以下是三位名人的名言，你可以试着念一念，特别是在读到加上引号的词汇时，降低你的声音，看看效果如何。

我唯一的长处就是"永不放弃"。

——福煕元帅

教育的终极目标不是知识，而是"行动"。

——斯宾塞

## 3. 讲究语速变化

说话时，我们的语速是不断变化的，这种起伏听着让人心情愉悦，而且这种语速的变化还可以强调要表达的重点。在演讲中，改变语速是突出重点的最佳方式之一。

华特·史蒂文斯在《记者眼中的林肯》一书中，向大家展示了林肯强调某个事件时最常用的方法：

他说话时速度非常快，当他想强调某个句子或单词时，他会拖长声音，加重语气一字一顿，然后迅速地把后面的句子说完……对于需要强调的重点部分，他可能会尽量地拉长语速，甚至可以用平时五六个句子的时间来强调一个重点句子。

这种演讲方法无疑会引起听众的注意。在说这句话的时候拖长词语，听众就能感受到我对这个词的感触颇深。你也可以试一试这个方法，看看效果如何。

再举一个例子。快速地说出"三千万美元"，这让听者感觉就像是在说个小数目，但如果你放慢语速，用厚重的声音再说一遍"三万美元"，就像要把这三万美元刻在听众的心里一样。不妨再听听，是不是觉得后面的三万美元比前面的三千万美元分量更重了呢？

### 4. 恰到好处的停顿

林肯的演讲中经常使用停顿。当他想在听众心中留下深刻印象时，他会微微前倾，直视对方，甚至可能停顿一整分钟，不发一言。这种毫无预兆的沉默和突然的声响能起到一个共同的作用：吸引听众的注意力。这时，人们都会集中注意力，留心聆听他下一句话。

林肯在同道格拉斯的辩论进入尾声时，人们早已深知他败局已定，再加上他身体上病痛的折磨，人们反而对他抱以同情。在最后一次演讲中，林肯毫无征兆地停了下来，就那样静静地站着，目光投向面前或熟悉或陌生的听众。他愁眉苦脸的眼神似乎充满了悲伤的泪水。他握紧着的双手，仿佛在对眼前的败局做最后的顽抗。接着他用独特而沉闷的声音说："朋友们，无论道格拉斯还是我，谁最终进入美国参议院对伟大的美国来说都不重要。我此时此刻向你们提出的问题才是最重要的，它远远超过任何个人利益和政治前途。朋友们……"在这里，他又停了下来。所有听众都紧张地屏住呼吸，全神贯注地聆听着，生怕错过任何一个字。接着，他继续说道："即使道格拉斯和我这个可怜而脆弱的人已经长眠于坟墓之中，这个问题仍将存在。"

据一位为林肯做传记的作者所述，"简单的几句话和他当时的演讲姿态，深深触动了在场每个人的内心。"

洛基爵士也是一样，当遇到重要段落和语句时，他也会用前后停顿的方式吸引听众的注意力。一个重要的句子可能会在中间停顿三四次，但他表现得那么自然，让人丝毫感觉不到他是刻意停下来的，除非这个人刻意分析洛基爵士的演讲技巧。

吉卜林曾说："沉默，道出了你的心声。"在说话时，巧妙运用沉默可以让你的言语外的力量在沉默中爆发。这是一个强有力的工具，但很多初学演讲者常常忽视它。

这段话摘自赫曼的《活泼生动的谈话》，下面我会给出一些停顿的建议，但是请注意，这并非适合停顿的唯一标准。停顿的位置可以因场合而异，在演讲时，停顿更应该根据演讲主题、意义和现场气氛来定。即使同样的演讲内容，在不同的场合，你可能会选择不同的停顿位置。

试试先不停顿的念法，然后再按照我的标注的"停顿"朗读一遍，看看效果有何不同：

商场如战场（停顿，给听众足够的时间来想象"战场"），唯有勇士方能驰骋于胜利的广阔领域（停顿，让听众想象胜利的场面）。虽然我们不愿面对这样的情形，却无力创造或改变它（停顿）。当你迈进销售领域时，无论如何都需鼓起勇气（停顿）。如果你未做充足准备（停顿，拉长几秒钟制造悬疑气氛），那么每一次出击，你都会被三振出局，除了空手而归，别无收获（停顿）。对于畏惧对手的击球手而言，三垒之路永远遥不可及（停顿）。请铭记于心（停顿，让它深入听众内心），那些能将球打出围墙、完成全垒打的人，大多具备共通特质：当他们踏上击球点（停顿，拉长悬疑时间，让听众聚精会神听你介绍），早已坚毅决心。

大声朗诵这几句名言，你会自然而然地停顿在让你有所感悟的地方：

美国大沙漠并不坐落于爱达荷、新墨西哥或者亚利桑那，而是在每一个普通人的帽子底下。这是一种更可怕的心理上的沙漠，而不是平常意义上的沙漠。

——克诺斯

这世上没有包治百病的灵丹妙药，可能广告会略微接近。

——夫斯维尔

作为一名演讲者，即便在演讲中应用到本节所提示的这些方法，可能仍然会有这样那样的缺点，如他的演讲可能会与别人不太一样，语音可能有些不寻常，语法可能不完美，甚至可能会有些不良的举动。一个人的日常说话态度也已经融入习惯中，如果想让自己的演讲更加完美，必须先改善自己的日常说话态度。

## 【经典摘录】

现代的听众，无论是商务会议上的十五个人，还是帐篷下的一千人，都期待演讲者像朋友聊天那样简单明快地交流，以私下交谈的形式展开，只不过稍稍再有力度、更有能量一些更好。当然，为了表现得自然，演讲者可能需要投入更多的精力，这就像楼顶上的英雄雕像做得越大，从地面看起来才更加栩栩如生。

在日常练习中，你可以用特殊标记来表示要强调的句子和词汇，就像在你平坦的草坪上种植上一棵月桂树，然后你可以按照这些标记来调整你的声音。

## 【本节解读】

在本节中，卡耐基从表达方式上教导大家进行有技巧的讲话和沟通，在此之前，他也进行了一些没有意义的尝试，例如，试图通过发声练习培养声腔共鸣、扩大声音范围。但很快他发现，这种训练对成年人来说没有丝毫意义，于是他开始把时间用在帮助人们转变思想观念、释放自我上，果然取得了良好的效果。

一个人的表达能力并不仅仅局限于声音的音质或者音量的大小，而更多地在于其语言组织能力，以及如何清晰、有力地表达自己的思想。他开始致力于帮助人们改变他们的思维模式，进而解放自我，让他们更有信心地表达自己。这种改变并不是一蹴而就的，而是需要时间和练习的。例如，你需要学会如何在压力下清晰思考，如何组织你的想法，并且如何有效地传达给你的听众。这就需要你反复地实践，把这些技巧融到你的日常生活中。

另外，卡耐基强调了自我表达的重要性。他认为，每个人都有自己的独特之处，都有自己想要表达的东西。演讲者应该勇敢地表达自己，而不是担心他人的看法。只有你真正敞开心扉，真实地表达自我，演讲才能真正有力量，才能真正打动听众。

为了更好地表达自我，演讲者还需要学会理解和接纳自己。理解自己的优点和缺点，接纳自己的不完美，只有这样，才能更自信地表达自己。当然，更重要的是学会理解听众，知道他们想要听到什么，这样才能及时调整演讲内容，以贴近他们的需求，从而有效地传达信息。

演讲最大的通病就是照本宣科，而事实上真正高明的演讲，并没有那么高高在上，它就像好友间在进行一场自然而然的交流，丝毫不着痕迹。针对让演讲变得自然这个问题，卡耐基提出了四个行之有效的方法：讲究轻重缓急、讲究抑扬顿挫、讲究语速变化，以及恰到好处的停顿。

在日常对话中人们都会自然强调重要的词语和信息，同样在演讲中也应如此。每个演讲者的强调点可能不同，这完全取决于演讲的内容和目标。另外，人们在平常交流时声音自然起伏，但在演讲时却容易忘记这一点。这就使得演讲生硬不自然，因此，卡耐基建议演讲者在感觉自己的声音过于单调时，提醒自己让声音变得更具动态和自然，比如可以在练习时，用特殊标记来指出需要强调的地方。

语速的变化也能强调重点，从而吸引听众。在演讲中的适当停顿，尤其是在重要的部分，也可以引起听众的注意。可根据场合和气氛来决定停顿的位置，同样的内容，在不同的场合，往往需要不同的停顿方式。

良好的日常说话态度对提升演讲效果有帮助。尽管使用这些技巧，可能仍会有一些缺点，例如不寻常的语音、不完美的语法或不良的举动，但改善日常说话态度是让演讲更完美的必要步骤。

# 第二节　沟通时的态度

　　在这个世界上，真正全新且独创的事物寥寥无几。即便是最杰出的演说家，也需要借助阅读的启示和书本的资料。如果你想增强自己的词汇量，就必须时常接触文字，让大脑受到不同文学作品的熏陶。

　　曾经，有一个失业且身无分文的英国人，孤独地走在费城大街上。后来他走进了大商人保罗·吉彭斯的办公室，希望能与他见上一面。面对这位不速之客，吉彭斯先生的目光充满了不信任，因为这个晦气的英国人衣衫褴褛，衣袖磨破，整个人透着一股寒酸气息。但吉彭斯先生出于同情，还是答应给他几秒钟的时间。没想到这几秒钟竟变成了一个小时，而谈话仍未结束。最终，吉彭斯先生给出版公司经理罗兰·泰勒打了一个电话，邀请这个陌生男子共进午餐，并为他安排了一份非常好的工作。那么这个穷困潦倒的男子到底有什么才能，能让两位重要人物对他刮目相看呢？

　　其实，他的成功秘诀并不神秘，只不过他拥有出色的英语演讲技巧。这个英国人毕业于牛津大学，来到美国是为了经商，却不幸失败，又身无分文，甚至连回家的机票都无法购买。但他的英语发音地道，措辞优美，与他交谈时，人们不自觉地忘记了他沾满泥巴的鞋子、破旧的衣服和未刮胡子的脸庞。他华丽的辞藻是他与商界高层接触时最有用的名片。

这个男人的经历可能有些特殊，但至少说明了一条真理：我们的言谈会成为别人评价我们的标准。它可以让对方了解我们的出身、修养和学历水平。

如前所述，我们与这个世界建立联系的方式有四种。我们周围的人也是根据这四件事来评价我们，来对我们进行分类：我们做了什么、我们看起来如何、我们说了什么以及我们是用什么方式来说的。很多人没有确切的人生目标，他们毕业后不知道如何继续增加自己的词汇量，也不知道如何学习用更适宜的方式来表达自己。当一个人习惯于使用单调、虚伪、程式化的语言来交流时，他的言辞就会失去独特的个性。很多大学生不仅发音不准、语法错误，还会说一些只有市井流氓才会说的话。如果连受过高等教育的大学生都这样的话，我们怎么能期望那些没有受过良好教育的人能够优雅地言行呢？

几年前，当我独自站在古罗马竞技场发呆时，一位来自英国某个殖民地的陌生人和我攀谈起来。他说了不到 3 分钟，"You was"、"I done"等错误的表达就不断地从他嘴里冒出。我注意到，他的皮鞋闪闪发亮，衣服一尘不染，明显很注重保持自己的尊严和赢得别人的尊敬，但他忘记整理自己的言辞。他和女士交流时，可能会因为没进行脱毛而感到尴尬，但却毫不自知地说出错漏百出的语言。他那可悲的措辞向世人宣告了一个事实，他根本不像自认为的那样，有文化、有修养。

前哈佛大学校长艾略特曾说："我认为，在淑女们和绅士们所受的教育中，只有一项是必修的——准确而优雅地使用自己的母语。"

许多看似新颖的事物，实际上都不是独创的，即使是最伟大的演讲家，也要依靠阅读和书籍中的材料来获得灵感。

书籍是成功的关键！要想扩大自己的词汇量，就必须让自己的大脑经常沉浸在书籍的汪洋大海中。约翰·布莱特曾说："每次去图书馆，我都感到悲哀，生命实在太短暂了，我根本来不及享受眼前的文学盛宴。"布莱特十五岁时就离开学校到棉花厂工作，后来成为同时代最著名的演讲家之一，尤以华丽的英语文字著称。他能背诵许多世界著名作家的诗歌，如拜伦、弥尔顿、华兹华斯、莎士比亚和雪莱等，为了增加自己的词汇量和文学素养，每年他还都会重新阅读《失乐园》。

让我们看看伟大的演讲家们是如何通过阅读来改进他们的演讲风格的。英国演讲家福克斯高声朗读莎士比亚的作品以改善自己的语言风格；格雷斯东在他命名为"和平之屋"的书房中藏书一万五千多册，他尤其痴迷于荷马的《伊利亚特》和《奥德赛》，写了六本书来评论这两部史诗和作者的时代背景。

英国前途无量的政治家和演讲家比特年轻时将自己阅读过的拉丁文作品翻译成英文，这种做法坚持了十年。他从中获得了什么呢？"他获得了一个别人都无法超越的能力，即在不预先思考的情况下，就能把思想转化成精练的语言。"

古希腊著名的演讲家和政治家狄摩西尼斯曾手抄修昔底德的历史巨著达八次之多，希望可以通过这个办法掌握修昔底德华丽的措辞方法。两千年后，美国的威尔逊总统专门研究狄摩西尼斯的作品，以期改善自己的演讲风格。

苏格兰著名作家史蒂文森，他的英文缩写为 RLS，后来这个缩写成为英国人最喜欢的名字。他的写作风格如此令人着迷，究竟是怎样练出来的呢？他曾亲口告诉我们：

> 每当我读到自己喜欢的书或文章时，就会有一种奇特的力量让我立刻坐下来模仿其中的优秀之处。我深知万事开头难，第一次恐怕并不会有太多的收获，于是我会连续尝试很多次，直到我从这一次次的尝试中获得难得的练习机会。
>
> 我曾模仿过海斯利特、兰姆、华兹华斯、布朗爵士和霍桑。不管别人是不是觉得有收获，但我喜欢这样的学习方法，并且一直坚持，直到我有所受益。你一定不知道，英国文学史上无人能及的伟大诗人济慈，与我的学习方法是一样的。
>
> 模仿他人并不容易，时间长了你就会发现，你所模仿的对象身上总有你难以企及的地方。努力再多次，结果都会失败，这时你需要记住那句老话："失败乃成功之母。"

以上列举了太多成功人士的著名例子，完美演讲的秘诀已经不再是秘密。林肯曾在给一名梦想成为律师的年轻人的信中说："成功的秘诀无非就是拿起书本，认真地阅读、研究，努力，再努力，坚持不懈地努力总是最重要的。"

那么，你想了解哪些书呢？建议首先从《如何度过一天24小时》开始阅读。这本书会教你如何避免每天的时间浪费，以及如何利用这些节省下来的时间。这本书内容并不冗长，你完全可以在一周之内读完它。甚至，你可以先将书中的二十页撕下来随身携带，这样每天看报纸的时间可能会从原来的20到30分钟缩短到10分钟左右。

杰弗逊总统把自己的快乐之源归功于这样一件事："我已经不再读报纸了，我开始阅读古罗马历史学家泰西塔斯和古希腊历史学家修昔底德的作品，我发现自己比以前快乐了很多。"若你也想像杰弗逊一样，缩短阅读报纸的时间，那么在几周之后，你也会发现自己更快乐、更聪慧。我知道这听起来匪夷所思，但你真的不想尝试一下吗？现在，无论是等电梯、等公交还是等午餐，你都可以取出那二十页，享受一下阅读的乐趣！

当你读完这二十页后，记得将它们放回书中，同时再从书里撕下二十页来，继续享受阅读的快感。为了避免失去书页，你可以用橡皮筋将它们固定好，以免它们到处乱飞。通过这种方法来阅读，相比仅仅把书放在书架上不知强多少。

当你完成《如何利用好你的一天二十四小时》后，下一步你需要阅读的书是《人类机器》。这本书不仅告诉你如何更和谐地与他人相处，还能让你发现自己的优点。此外，这本书的写作和表达方式非常优美，读完之后，一定会增加你的词汇量。

除了前面提到的《章鱼》和《核桃》，弗兰克·诺瑞斯创作的另外两部小说《泥沼》和《铁路沿线》也被誉为美国文学史上最杰出的作品之一。前者揭示了美国铁路公司内部的腐败和污染，后者则刻画了铁路建设过程中工人们的艰辛和斗争。此外，还有哈代的《苔丝》、西里斯的《人的社会价值》、威廉·詹姆斯的《和教师的谈话》、莫罗斯的《雪莱的一生》、拜伦的《哈罗德的心理历程》和史蒂文森的《骑驴旅行》，这些书也值得列入你的书单。

此外爱默生的名言警句，请也常伴身边吧，尤其他的著作《自恃》中那行云流水般的语句值得每天阅读：

道出内心深处的信念，思想的声音对我们每个人来说都是不陌生的。摩西、柏拉图、弥尔顿等巨匠的伟大之处，在于他们不被传统束缚，不仅说出了口头所说的，更说出了人们内心所想而没有吐露的。正因如此，我们每个人都应珍视内心中一闪而过的光芒。在每位天才的作品中，我们都能窥见这种思想，它们嘱咐我们，应以坦诚的态度忠于自我，而不是漠视内心深处的呼声。否则，当别人用卓越的感悟说出我们心中闪现的灵感之光，你会因为听到自己的思想从他人口中流露而感到万分羞耻。

成长的烦恼会告诉我们，嫉妒是最无知的表现，而模仿无异于自杀。不管好坏，一个人都必须努力开垦自己的那片土地，才能得到最富足的收获。深藏在内心的力量，除了自己，没有任何人能够知道；蕴藏在身上的力量，除了实践，没有任何方法能够证明。

有人曾请亨利·欧文爵士推荐最值得阅读的一百本书，看他是如何回答的，他说："我只会推荐《圣经》和莎士比亚。"确实，《圣经》和莎士比亚是英国文学的源泉，要常去汲取灵感，能取多少取多少。当你向朋友脱口而出"今晚咱们聊聊罗密欧与朱丽叶吧"，又有何不可呢？

这会让你在不知不觉中获益颇丰。你的辞藻会像莲花般婉转地从你口中流淌，你高贵的气质会让朋友们大为赞赏。大文豪歌德曾说："你只需要说出你读过什么书，我就能了解你的为人。"

上述阅读计划其实只需要花费很少的精力和时间，也许不到五美元，你就可以买到《莎士比亚戏剧集》的通俗版。

那么，美国文学大师马克·吐温娴熟的文字技巧是如何练出来的呢？在年轻的时候，他曾坐马车从密苏里州到内华达。这段旅程漫长而艰难，在携带的食物和水等物品，都成为马匹致命负担的情况下，马克·吐温依然不肯放弃随身携带的那本厚厚的《韦氏大词典》。

勃朗宁同样也是如此，翻阅词典是他每天必修的功课，从中汲取无穷的乐趣和启示。林肯也常在黄昏时探看词典，直到光线昏暗，字体不再清晰为止。每一个成功的作家或演讲家，都有这样或那样的经历。

威尔逊总统运用文字的技巧登峰造极，其《对德宣战宣言》可谓文学史上的瑰宝。他是如何阐述其运用文字的方法呢？他说："在我家，父亲严禁人们用不恰当的词汇表达自己，要求大家务必把适宜的词汇用在适宜的场合。"

有位以言辞华美、结构缜密著称的演讲家在近期的一次谈话中披露了自己的成功秘籍：无论何时，只要他在阅读中遇到生词，就马上抄下来，直到当天睡前他都要彻底搞懂这个词的含义。如果某天他没有遇到新词，他会翻翻费纳德的《同义词、反义词和介词》。他的座右铭是"每天一词"，这就意味着每年他能掌握 365 个新词汇。而他还发现，只要一个生词使用三次以后，就会永久驻留在他的词汇库中。

使用词典的深意，不仅仅在于简单地了解单词的意思，更在于探究每个单词的来龙去脉。在一般的英文词典中，每个单词的历史渊源都以括号的形式标注在含义后，揭示出单词背后的深厚内涵。你会发现，那些每天从你口中说出的单词并非一成不变的字母组合，它们都有着独特的色彩和生命力。例如，"给杂货店打个电话，订购些糖"这样一句最寻常的话，也蕴含了人类文明和智慧的结晶。"telephone"（电话）这个词源自希腊语"tele"（远方的）和"phone"（声音）的结合；"grocer"（杂货店）则源于历史悠久的法语单词"grossier"，而法语单词又根据拉丁文"grossarius"演变而来；"sugar"（糖）这个单词同样源于法语，而法语又来自西班牙文，西班牙文再来自阿拉伯语，阿拉伯语则起源于波斯文的演化。

无论你是在公司工作还是自主经营一家公司，我想你大概率是不知道"公司"这个词的来历的。"company"（公司）源自于古老的法语，最初的意思是"伙伴"（companion），这个词实际上由"com"（与）和"pains"（面包）组成，即伙伴就是与你共享面包的人，而一家公司实际上是由一些想要共同盈利的人组成的。"薪水"（salary）源自于古罗马士兵的津贴，使他们可以购买"盐"（salt，盐是古代昂贵而稀有的东西）。当你阅读手中的这本"书"（book）时，你可能不会想到它的原始含义是指一种树木"山毛榉"（beech），因为很久以前的盎格鲁—撒克逊人会将自己的名字刻在山毛榉树干上。"美元"（dollar）的本义是"山谷"（valley），那是因为最早的钱币诞生于六世纪的圣卓亚齐姆的山谷中。

此外，"看门人"（janitor）和"一月"（January）这两个词都源自于古代意大利一个铁匠的姓氏，因为这位铁匠专门制造门锁和门闩。在他去世后，人们为了纪念他，将他塑造成了一位有着两张脸孔，能够同时朝两个方向看的神灵。这两个方向分别代表着开启和关闭，于是他的姓氏又被用在了表示一年结束和另一年开始之间的那个月份，这就是"一月"的来历。

"July"（七月）这个单词起源于古罗马皇帝恺撒大帝（Julius Caesar）的名字，后来奥古斯都大帝出于嫉妒，将下一个月命名为

"August"（八月）。然而，八月只有30天，比七月少了一天，这有损他的威严，于是把二月的一天移至八月，使得八月和七月天数相同，两代帝王的嫉妒心就这样一代代隐藏在了我们的日历上。

追寻单词的历史，探索其渊源是非常有趣的一件事，你可以试着去寻找一些单词，如"atlas"（地图册）、"boycott"（抵制）、"cereal"（谷物食品）、"colossal"（巨大的）、"concord"（和谐）、"curfew"（宵禁）、"education"（教育）、"finance"（财政）、"lunatic"（精神残疾）、"panic"（惊慌）、"palace"（宫殿）、"pecuniary"（金钱）、"sandwich"（三明治）、"tantalize"（诱惑）。当你了解这些单词背后的渊源，你会疯狂地爱上它们。

## 一、遣词造句

用精准的文字传递内心情感并不是一件轻而易举的事情，即使是最有经验的作家也不一定能做到。美国知名女作家芬妮·赫斯特曾向我透露，为了让一个句子更加完美，她曾反复修改五十到一百次，甚至有一次她统计了一下，发现自己修改了一百零四次。另一位女作家乌勒则坦率地表示，她有时会花费整个下午的时间，只为了修改一两个句子。

那么，著名作家戴维斯又是如何做的呢？政治家曾经用文字形象得还原过这个过程：

他们会采用"淘汰制"的原则创作小说，逐字逐句地推敲，结果每个句子、每个段落都是千锤百炼过的。比如，当描述一辆汽车缓缓转弯驶进院落时，作者会写出一长串的文字描述，不放过每一个细节，然后再忍痛割爱，删掉那些无意义的。这一过程中，他会不断地扪心自问：这个情景是否真实存在过？如果不是，就会毫不犹豫地删掉相关文字。结果，广大读者就看到了一篇篇简明扼要又十分恰当的文章。正是这项痛苦的"淘汰制"工作，使他的小说一直备受追捧。

事实上，普通人大多做不到像大文豪那样花费大量的时间精力去逐字逐句地精炼语言。但这并不意味着我们就可以忽略这件事的重要性。当你开始遣词造句，你的语言才会变得更加精准、清晰、生动、形象，而你表达的意图也更加明确、有力。

从登上演讲台上的那一刻，你自然不能再停不来反复推敲一个字、一句话，但我们可以将这项工作放在台下，通过每天的练习，不断地积累自己的词汇量和语言表达能力，总有一天，精准优美的词语便能自然而然地脱口而出。这是每个人都应该做的事情，你开始了吗？

值得一提的是，像弥尔顿和莎士比亚这样的文豪，在其作品中使用了大量的词汇，充分地展示了他们对语言的深厚理解和运用。虽然词典中有着数十万个单词，但据统计，掌握两千个左右的单词已经足够一般人日常生活和交流所需。那么，为何不去掌握一些基础的动词、名词、形容词并灵活运用它们，让我们的语言变得更加优雅、生动呢？

## 二、抛弃陈词滥调

语言不能仅仅停留在追求正确和准确的程度是哪个，它应该有更高层次的追求，如新颖感和创造力。我们应该有勇气去表达自己对事物的看法，用一种"上帝视角"来堂堂正正地去阐述。根据《圣经》的记载，在大洪水之后，才第一次有了"冷得像根胡瓜"这个充满创意的天才比喻，这实在是太新颖了，即使在巴伦夏加的宴会上，这个比喻使用起来仍然充满了新奇感。然而，对于今天这些富有创造力的社会和人们来说，继续使用这个词，恐怕会让人尴尬得要死。

以下是我随便列举出的十二个表达寒冷的句子，它们难道不比老套的"胡瓜"更加新颖吗？

冷得像只颤抖的青蛙；

冷得像步枪上发涩的通条；

冷得像冬天清晨暖水袋冒出的哈气；

冷得像座阴森的坟墓；

冷得像冰封千年的格陵兰雪山；

冷得像硬邦邦的冻土；

冷得像贝壳湿漉漉的乌龟；

冷得像严寒中飘舞的雪花；

冷得像潮湿的盐；

冷得像没有体温的蚯蚓；

冷得像深秋的黎明；

冷得像初冬的冰雨；

此刻，如果你的灵感已被激活，不妨趁热打铁，再思考一些形容寒冷的比喻句，然后写下来。

女作家凯瑟琳·诺里斯曾经告诉我，要想表现出独特的风格，需要大量阅读古典著作，并坚决剔除其中毫无意义的句子。

我认识一位杰出的编辑，如果在来稿中发现两三个陈词滥调，他就不会再为此浪费时间。因为缺乏创意的作家永远写不出有创意的文章。

## 【经典摘录】

成长的烦恼会告诉我们，嫉妒是最无知的表现，而模仿无异于自杀。不管好坏，一个人都必须努力开垦自己的那片土地，才能得到最富足的收获。深藏在内心的力量，除了自己，没有任何人能够知道；蕴藏在身上的力量，除了实践，没有任何方法能够证明。

语言不能仅仅停留在追求正确和准确的程度是哪个，它应该有更高层次的追求，如新颖感和创造力。我们应该有勇气去表达自己对事物的看法，用一种"上帝视角"来堂堂正正地去阐述。

## 【本节解读】

本节中，卡耐基指出世上真正的创新与独创之作少之又少。即便最卓越的演说家也需要借助阅读和书本的启示。想要扩充词汇量，你必须不断地沉浸在文字中，让大脑受到各类文学作品的熏陶。这就像那个在美国街头孤独行走的英国人，尽管身无分文，但他的优秀英语演讲技巧打动了大商人保罗·吉彭斯，让他赢得了尊重和一份好工作。佐证了言谈的确能成为别人评价你的重要标准。

卡耐基还指出人们与世界建立联系的方式有四种：你所做的事、你的外貌、你所说的话，以及你说话的方式。但很多人都不知如何扩充自己的词汇量，如何更妥帖地表达自己。结果，你的个性就被过于单调、虚伪、刻板的语言剥夺了。正如哈佛大学前校长艾略特所说的，"必修的教育就是准确而优雅地使用母语。"

那么，如何改进语言能力，让自己能用准确、优雅的方式表达自己呢？林肯的经历提供给大家一个答案。林肯只有不到一年的正规教育，但他却有着优秀的语言表达能力。他的秘诀在于，他总是与那些比自己更有才智的人交往，他能背诵众多诗人的作品，并不断地从阅读中学习。

卡耐基指出，通过遣词造句和避免陈词滥调两方面来提高沟通的技巧。遣词造句并不简单，看那些文学大师都是怎样进行文字雕琢的：著名作家芬妮·赫斯特曾坦言一行文字可修改至百次；乌勒则可能倾半日心血只为修整数句；而知名作家戴维斯则以"淘汰制"原则，细心过滤，精雕细琢，直至文字准确、恰当，文章扼要而明确。普通人虽然无法像大文豪那般投入时间于文字精练，但练习遣词造句，使语言精准、清晰、生动，确实意义重大，精炼的词语，可使语言更优雅、生动。

陈词滥调也是让大家的语言不够精彩的原因。固然一些词语在过去不仅准确，更新颖、富有创造力，就如"冷得像根胡瓜"这个比喻，当初显得新颖，但由于被人们的滥用，现在再用就显得极其陈腐。

# 第三节　演讲是沟通的艺术

决定演讲是否成功的关键因素，是看起来风马牛不相及的两个因素：风格和个性。这两个因素均来自天性使然，坦白率真的个性才能形成得到听众认可的独特风格。

卡耐基技术研究中心曾对 100 位知名商界人士进行了智力测验，测试的难度类似于陆军的测试。结果显示，个性在成功的关键因素中远远超越了智力因素。无论对于商人还是普通人，这个结论都有着深刻的意义。

除了充分的准备之外，个性是决定演讲成功的最重要因素。著名演讲家艾伯特·胡巴德曾经说过："在演讲中，赢得听众的不是演讲稿，而是演讲者的态度。"个性是一个让人捉摸不清的东西，即使是最精明的分析家也难以完全分析清楚。个性是一个复杂的组合体，它包括肉体、精神、心理因素，以及一个人的遗传、喜好、气质、思想、经历和生活情况等等。打个比方，个性就像爱因斯坦的相对论一样，全世界明白它的人恐怕寥寥无几。

个性的形成往往与遗传基因和成长经历息息相关，因此，要想改变一个人的个性难上加难，我们所力所能及的，只是让个性变得更有吸引力，更具有魅力而已。

## 一、身体是革命的本钱

若想在演讲中散发出自己的独特魅力，首先要有一个精神抖擞的精神状态，而这决定于你的身体状况。我们往往犯这样一个错误，将所有工作都拖到最后，然后匆忙地试图弥补失去的时间。这种做法只会损伤你的身体健康和大脑的活力，最终你将呈现给观众的是一副病弱、没有生机的身躯。

如果想要在下午四点发表重要演讲，最好中午吃得少而精致，有条件的话一定要小睡片刻。这不仅可以帮助身体得到充分休息，更能使你得到一个元气满满的精神状态。

令人惊叹的是，杰尔拉丁·法拉常常在夜幕降临之前就向众人道晚安，然后返回卧室休息去了。即使朋友来访，她也不会破例熬夜一次。诺蒂卡夫人深知要成为舞台上最明艳动人的歌剧女王，就必须舍弃一切，社交、朋友和美食佳肴，惋惜之余又着实令人佩服。

切忌，演讲之前，千万不要吃得太饱。亨利·比修就只会吃一些饼干和牛奶，而穆巴夫人对此表示认同。她说："如果当天晚上有演出，我绝不会吃午餐，我会在下午五点左右吃点鸡肉或鱼肉，还有面包和水。每次在歌剧院演出结束后，我几乎都是饥肠辘辘地回到家里。"

之前，我对杰尔拉丁·法拉和亨利·比修的做法并不以为然，直到我成为一名职业演讲家，进行了一场两个小时的演讲后，才领悟到其中的道理。如果大吃一顿后再站立一个小时进行演讲，原本集中在大脑的血液会全部流到了胃部，这让我的身体无法达到最佳状态。

就像著名的演奏家帕德雷夫斯基所说，如果他在演奏前暴饮暴食，那么他的理想就无法控制内心的野性，它们会流窜到身体的各个部位，让他的表演失去灵魂和生机。

## 二、修饰仪容仪表

人靠衣装，衣着真的会对人们的心理产生影响吗？一位研究心理学的大学校长曾就此问题做过调查，结果不论是心理学家还是普通人，被调查者统统表示衣着的力量不容忽视，一个人如果穿得干净、得体，会让他们的言行举止更加自信、自爱，从而身上洋溢出成功的气息，这让他们看起来更加光彩照人，那么离成功也就更近了一步。这就是仪容仪表在人们心目中的巨大影响力。

那么，一个演讲者的衣着是否同样具有影响力呢？答案毋庸置疑，是的。如果一个男士演讲者穿着松垮的裤子、皱巴巴的衬衣和布满灰尘的皮鞋，或者女士演讲者的着装搭配不协调甚至露出了内衣，听众们往往会对演讲者产生一种毫无信心的感觉。演讲者如果自己都不注重自己的仪表感，那么听众也会认定他的思想和他杂乱无章的头发、破旧不堪的皮鞋一样混乱。

当年，李将军代表军方在阿波马托克斯镇投降时，即便是战败的一方，他却身着整洁干净的新制服，腰间佩带珍贵的长剑，颇具威仪。而胜利方代表格兰特则连一件像样的外套都未穿，也没有佩剑，只身着破旧的士兵衬衫和长裤。回忆录中，格兰特将军这样写道："两相比较下，胜利方的我看起来狼狈极了，而败战方却光彩夺目，虽败犹荣。"在这样具有历史意义的场合中，格兰特将军因没有穿着得体而懊悔终生。

这让我想起农业部试验农场中的几百箱蜜蜂。每个蜂巢上方都配有一个巨大的放大镜，转动按钮，蜂巢内部就会变得明亮如昼，蜜蜂的一举一动就都逃不过观察者的眼睛。站在讲台上演讲者其实就如同蜂巢内的蜜蜂，在聚光灯的照耀下，他的每个动作和举止都将会被放大，在众人看来，就像科罗拉多州平原上的派克峰那样明显。

数年前，我接受了一项重任，为一位银行家写传记。为此，我向他的朋友打听了银行家成功的原因。那位朋友思索后告诉我，银行家成功的最重要因素或许就是他那让人着迷的笑容。这个回答，既意外又令人费解，不过我却是对此深信不疑。和银行家同样具备能力和经验的人或许不计其数，但并不是每个人都成功了，这是因为他有着一项别人都没有的东西——和善的个性。他温和、宜人的笑容正是这种性格的最大特点之一，它能帮助他快速获得别人的信任和好感。在这般迷人的笑容下，没有人会站在他的对立面。

不论是银行柜台还是演讲讲台，展现微笑总是讨喜的。我的一个学员曾参加过布鲁克林商会举办的演讲训练班，那位学员的脸上就一直保持着迷人的微笑，仿佛在"我很荣幸来到这里，我很期待这次训练"。这为他带来了无数的好感。然而，也有许多演讲者面带冷漠、做作的表情登上讲台，仿佛台下的听众惹怒了他们一样。这样的态度会在会场内释放出最强大的负能量，从而影响听众的心情和判断力。

在《有影响力的行为》一书中，奥佛斯文特教授说："喜欢可以招来更多的喜欢。如果我们对听众表现出兴趣，他们自然也会对我们感兴趣；如果我们对听众的存在感到厌恶，那么他们的内心和外表都会流露出同样的情绪；如果我们在演讲中表现得懦弱和紧张，听众也会失去信心；如果我们的演讲过于傲慢和无礼，听众也会自我保护地变得傲慢。其实在我们的演讲开始之前，听众就已经开始评价我们了。因此，我们有充分的理由调整自己的态度，确保唤起听众的热烈反响。"

### 三、增加演讲的凝聚力

我总结出这样一个规律，下午对面大厅中寥寥数人的演讲往往不如晚上拥挤的小厅中对着一群人演讲效果好。同样的笑话，晚上拥挤的小厅总能传来哄堂大笑、掌声热烈，而下午的打听却沉寂一片、毫无回应。这是为什么呢？

或许下午的听众大多是老人和孩子，而晚上的听众都是热情洋溢的青年，然而这也只是一部分原因而已。

最主要的原因是，下午的大厅凝聚力不够，人们落座得越是分散，越是难以打动。这世上最遥远的距离恐怕就是听众之间隔着的空椅子了，这件事总是能浇灭人的热情。

亨利·比修在耶鲁大学做演讲时也曾提到过这个问题："当人们问我更喜欢面对一大群听众演讲还是更喜欢面对小团体演讲，我是这样回答的：人数不在多少，只要足够有凝聚力就可以。当我向十二个人演讲时，只要这十二个人能紧紧围绕在身边，我就可以讲得和面对一千名听众一样激情四射；同样是这十二人，如果他们坐得零零散散，彼此之间隔着十万八千里，那么我几乎没有演讲下去的心情了。"

一个人单独置于一个团体中时，他常常能迷失自我，从而融于团体，成为这个团体的一部分，大家笑，他也会笑；大家鼓掌，他也会。但如果他只是分散的人群中的其中一个独立个体，那么即使听到同样的内容也总是会无动于衷。

当人们抱成团时，就变得十分容易受到外界的感染和影响，从而做出相同的反映；但他们分散为单独个体时，想要每个人保持步调一致就比较困难了。这就像奔赴战场的士兵，他们一定希望彼此团结一致，拧成一股绳，这样力量才会更大。第一次世界大战期间，德国士兵就是手拉着手上战场的。

你可以回想历史上所有颇具规模的社会运动或改革，都是由群众推动而达成目的的，因为他们总是抱成一团。

所以，不要在意听众的数量，当人数不多时，不如把他们聚集到一个相对较小的房间。如果房间恰恰很大，那么请你一定坚持让这为数不多的听众紧挨着坐在前排，且离你较近的位置。只有但听众足够多时，你才要远离听众到讲台上去，否则，就坚持站在他们身边，与他们保持一个高度，因为这会更容易拉近彼此的距离，从而让演讲变成日常交流一样随意的一件事。

## 四、保证演讲的环境

### 1. 空气清新，氧气充足

保证演讲成功的一个十分重要的因素是氧气。演讲的内容再精彩、会场布置得再华丽，也没有充足的氧气来得重要。有了充足的氧气，听众才能保持清醒的头脑，才能集中注意力，而不是在你的演讲中昏昏欲睡。我每次演讲前都会将窗户打开，以保证场内空气新鲜。

亨利·比修的经理詹姆斯·庞德追随他演讲的脚步，利用十四年的时间走遍美国和加拿大。不管这位演讲大师走到哪里，庞德都会先行一步去到那里检查会场的灯光、座位和通风条件等场地环境问题。

如果场地温度太高，导致空气浑浊，而他又没办法打开窗户通风时，这位前少校就会暴躁地拿起书本砸向窗户。看着碎了一地的玻璃，他会说："对于一个传道者来说，氧气是仅次于上帝的最佳礼物。"

### 2. 调整光线，站对位置

保证演讲成功的另外一个重要因素是灯光。首先，要确保会场光线充足，这里是演讲会场而不是表演魔术的会场。值得一提的是，似乎大多数演讲者都没有太在意光线的问题。对此，我建议大家利用业余时间去看几场舞台剧，那么你一定会重新思考这个问题。

其次，光线要准确地打在演讲者的脸上，这很重要，因为观众在听怎样一个人在演讲，他的面孔，他做的每一个微表情，都是他们关心的问题。开场前，一定要选择合适的位置，如果你认为站在灯光的正下方或正前方就可以了，那么你就大错特错了，这个位置会让你的脸呈现阴影，从而看起来扭曲而诡异。

演讲者最好也不要站在桌子后面，因为听众对你从头到脚的装扮和动作都很好奇，为了看清楚你穿的鞋子，他们甚至会从座位上站起来遥望。

### 3. 会场布置整齐

无论是演讲台还是演讲台上的桌子，都不要放置不相关的杂物，因为这会分散听众的注意力。细心留意的话不难发现，越是高档的场所，布置得越简洁、整齐、高雅、华丽，如百老汇大道上各汽车品牌展厅，巴黎名牌香水和珠宝公司的办公室等。因为越是高级、整洁的环境越能激发人们的购买欲。

同理，演讲者若是置身于赏心悦目的环境中，也越能集中听众的注意力。我认为好的会场布置，应该去掉所有的道具和摆设，除幕布之外，什么都不要留下。地图、表格、桌子，布满灰尘的椅子……这些东西只会让听众感到凌乱。一定牢记亨利·比修的话："演讲中最重要的因素，莫过于人本身。"

演讲台上最瞩目的一定是演讲者，让他就像湛蓝天空下傲然独立的雪峰一样。

我曾在加拿大安大略省的兰登市做过一次演讲，结果遇上了加拿大的总理先生。当总理先生投入地演讲时，一名调试窗户的工人举着长杆在会场内部走过来走过去。结果，所有的听众都抛弃了正激情演讲的总理，而把目光投向了那名工人，就仿佛他在表演什么精彩的节目。

当然，或许这些听众并非刻意抛弃演讲者的，实在是因为移动的物体太过于吸引人。演讲者切记，千万不要把自己陷入与这位总理相同的尴尬境地中去。

首先，演讲者在保证环境整齐的前提下，也应该时刻克制自己，不做任何无意义的小动作分散听众注意力，比如搓手指、摆弄衣角等都可能将观众的思绪从演讲中带走。纽约有一位著名演讲者，他演讲总是习惯玩弄桌布角，结果他的听众全场盯着他的手看。

其次，演讲者要事先安排好座位，很多时候，一个接一个迟到的听众往往会成为全场最瞩目的那个。

最后，演讲者要有主人翁意识，千万不要坐在贵宾席上。雷蒙·罗宾斯在我几年前的一次演讲中，就邀请我就坐于贵宾席上，我拒绝了。这是因为我曾留意过，贵宾席的位置也是全场最瞩目的位置，只要坐在上面的人稍稍动一下，全场的目光就会聚焦在他身上。

后来，我把这个发现告诉给了罗宾斯先生，希望他能引以为戒。在后来的演讲，他果然都明智地选择一个人走上讲台。

演讲家比拉斯也深谙这个道理，他从来不会让人在讲台上摆放颜色鲜艳的花束，因为这些花往往比他更具有吸引力。经验老到的演讲者是决不允许演讲期间，台下却充满喧嚣与躁动的。

### 五、姿态优雅，身体放松

演讲者的姿态往往代表着他的精神面貌，如果一个人每次演讲都是一副老样子，那么听众也会感到厌烦。

首先，坐姿很重要。对于一个演讲者来说，笔挺地站着永远比坐着更好，如果非坐不可，也一定要注意坐姿。一个像猎犬寻找安身之处一样四处找椅子的人，一旦发现了目标，会一头扎进座位上，就像丢沙袋一样，什么仪态都不讲了。

时刻注重姿态的人，会优雅地用脚背轻触椅子，然后从头部到臀部保持一个轻松而完美的姿态，轻轻地缓慢地坐下去。

之前我曾说过，一定不要在演讲时做一些无关的小动作，其实它除了会分散听众注意力，还会给人一种缺乏自律的坏印象。任何与你的演讲无关的行为都将降低听众对你的注意力。因此，必须保持一个良好的姿态，控制好身体，让听众的注意力完全投入在你的演讲中，而不是任何其他的地方。

一个慎重的开场白也能给你的演讲加分，老道的演讲者从不会着急开口讲话，他们往往会先做一个深呼吸，然后用目光扫过全场的观众，直到所有人的注意力都集中在他身上，会场变得鸦雀无声。

千万不要等到站在听众面前时，才想起来要挺起胸膛，良好的姿态要每天练习，这样你才能在演讲台上更加自然、更加自觉地挺起胸膛。

卢瑟·古利克在其著作中这样写道："十个人中也不见得有一个时刻注意自己仪态的人。"他警告大家好的姿态就是让脖子紧紧贴住衣领，不可弯腰驼背，可以通过以下练习做到：慢慢吸气，直到颈部紧贴住衣领。

有人会问，演讲时，双手总是不知该如何安放。听我的，忘记你的双手。最理想的是让他们自然下垂，只有这样人们才不会向它们投入过多的专注。哪怕再苛刻的人，这样的姿势，他也很难挑出什么毛病。就让这双手保持最自然的状态，一旦有需要又可以随时调用的那种姿态。

很多人发现给双手找个合适的去处会消除紧张不安，比如双手插入口袋、双手放在身后，或轻轻放在桌面上。这么做是否正确呢？我要告诉你的是，只要有益于你的演讲，放在哪里并不重要，我们这一代许多著名的演讲家都会有各种各样的习惯，如布莱恩会偶尔把双手插入口袋，德普、罗斯福也是如此。就连极度追求绅士风度的英国政治家迪斯雷利也难免这么做。

这么做又怎样呢？明天的太阳照常升起而已。如果你的演讲本身足够吸引人，语言充满说服力，又何须在意双手的问题。毕竟，演讲的主体是内容而非手脚的姿态。

我的第一堂演讲课就是探讨的姿势问题，当时是由中西部一所学院的院长讲授的。现在回忆起来，那位院长所讲的内容全是错的。他告诉我，手臂必须下垂放在身体两侧，手心向后，手指半弯，大拇指轻触大腿。当有所需要时，手臂必须划出一道优雅的曲线才能完成动作，然后再按照相同的曲线放回原位。这套动作现在看来，呆板、机械，但那位院长却认为这套动作是任何地方都学不到的经典动作。

这位院长并没有教我如何创作只属于自己的独特的动作，也没有告诉我培养手势的技巧，更没有强调做这套动作时应当注入生机活力。因此，即使我按他的要求完成了这套动作，紧张感依然没有消除，我仍然无法像平常一样自然而然地讲话、行动，反而觉得自己就像一台僵硬的打字机，或者像一个充满喜感的提线木偶。

可悲的是，直到现在，市面上依然活跃着这种荒唐的课程或教学方法。就在几年前，我还看过一本专门讲解演讲姿势的书籍，什么样的句子该做什么样的手势，手臂举到什么位置，手指怎样弯曲……我曾见过参照此方法进行演讲的学员，想象一下，二十几个人做着相同的手势，该是多么荒谬。

马萨诸塞州有一所学院的院长曾公开声明，他的学校不设专门的演讲课程，因为他从未见过有效的演讲教学法。

事实上，百分之九十的演讲姿势教程都并不实用，白白浪费纸张和油墨，以及你宝贵的精力和感情。如果你想掌握有效的姿势，不如遵循本心、认真揣摩。一盎司的本心比一吨的教条更有用。

成功的演讲手势并不能适用于所有人，他就像牙刷一样只是一个人的专属。只要随性使然，你会发现每个人的手势都不一样，因此手势没有办法在课程中变成相同的模式。可以假想一下，身材修长而慢吞吞的林肯被冠以性情急躁、语速飞快地道格拉斯的手势，该是多么奇怪的景观！为林肯写传记的赫恩登曾表示：

林肯很少做手势，不过倒是喜欢用力地甩头。当他要强调某个重点时，会突然停下来，仿佛在汇聚什么巨大的能力。他从来不在台上挥扬手臂，也从不刻意追求舞台效果，随着演讲的深入，他往往会越来越放松，直到变成那个优雅的林肯。他最鄙视的就是虚伪做作的姿势，有时候，情之所至，他会高举双手表达喜悦；当谴责奴隶制时，他会愤怒地挥舞拳头，表现出强烈的厌恶。这种出于自然的手势往往更有力，传达给观众的是他坚定的信念。他平时会保持合乎礼仪的站姿，绝不会交叉双腿，也不会将身体依靠在什么东西上。整个演讲过程，他很少变换姿势，他的情绪也异常稳定，从不会歇斯底里，更不会焦躁不安地踱来踱去。偶尔会用左手抓住西装的翻领，右手则做出某种手势。

林肯演讲的姿势被雕塑家圣·高登斯做成了一座雕像，至今矗立在芝加哥的林肯纪念广场。

罗斯福要比林肯更富有活力。他常常紧握双拳，整个身体都成了他的表达工具；布莱恩则习惯伸出一只手进行演讲；罗斯伯里则习惯高抬右手臂，用尽全身的力气向下挥舞。

这些都是信念强大的领导者的演讲风范，这样强有力的姿势，必须配上强大的气势才能相得益彰，起到显著的效果。如果你没有足够的气势，就不如不做。

在做手势方面也有很多的反面例子，如英国的政治家伯克手势呆板僵硬，演讲家皮特手势笨拙，亨利爵士和麦考林爵士的行为举止十分怪异。库松爵士生前曾在剑桥大学告诫学子们："伟大的演讲家总是有只属于自己的独特的手势，这让他们并不俊美的外表显得不那么重要了。"

我曾聆听过吉普西·史密斯的传道讲演，令人敬佩，他的演讲曾让成千上万名无信仰者开始信奉耶稣基督。他所用的手势才是演讲时最理想的状态，从不做作，就那么轻松自然。我无法说明他的手势有什么规律或技巧，因为它已与演讲者的气质、热情，以及听众和会场情况融于一体。

不过，我这里有一些建议会对大家有所帮助：

切忌重复使用同一种手势，会让听众感到乏味；

切忌手势动作大过肘部，这样会让人觉得有攻击性；

一个句子中要始终保持同一个意思的手势，否则容易淹没重点；

切忌强迫自己练习手势，因为只有在演讲中有感而发的手势才有价值，如果强迫练习一套手势，会自然而然地错误地运用到不该运用的地方。

现在，把所有讲授演讲姿势的书都抛开吧，因为你不会从上面学到任何有用的姿势。在演讲时，只有有感而发的姿势才是最好的姿势，这是任何书都教不了的。如果上台前忘记了我之前所说的一切有关手势的内容，那么请铭记以下一点：

尽管去专注在思考和忘我的表达上吧，这时不管你做出是什么手势都合乎情理，都不会受到任何的非议。

演讲时的个人魅力是怎样体现的呢？用下面三句话形容是再贴切不过的了：

装满水桶；

拿掉瓶塞；

让它自然喷薄而出。

## 【经典摘录】

在《有影响力的行为》一书中，奥佛斯文特教授说："喜欢可以招来更多的喜欢。如果我们对听众表现出兴趣，他们自然也会对我们感兴趣；如果我们对听众的存在感到厌恶，那么他们的内心和外表都会流露出同样的情绪；如果我们在演讲中表现得懦弱和紧张，听众也会失去信心；如果我们的演讲过于傲慢和无礼，听众也会自我保护地变得傲慢。其实在我们的演讲开始之前，听众就已经开始评价我们了。因此，我们有充分的理由调整自己的态度，确保唤起听众的热烈反响。"

一个慎重的开场白也能给你的演讲加分，老道的演讲者从不会着急开口讲话，他们往往会先做一个深呼吸，然后用目光扫过全场的观众，直到所有人的注意力都集中在他身上，会场变得鸦雀无声。

## 【本节解读】

一场演讲的成功不仅依赖于其内容的深度与广度，还依赖于演讲者在演讲过程中所散发出来的无与伦比的风格以及独属他个人的个性。看似风马牛不相及的两者，实则相互纠缠，共同决定了演讲的成败。二者有先天的成分，但也可以通过后天的雕琢被提炼至更高的艺术形式。

个性，本就是从骨子里流淌出来的东西，是每个人天生的独特印记。它不是一门可以习得的技艺，也不是可以复制粘贴的模板。只有当一个人坦诚而率真地展示自己，才能触动听众的内心，形成具有独特魅力和感染力的风格。

正如卡耐基先生所说的，只有矫健的乐器才能奏出激昂的乐章，健康的身体是发出动人演讲的重要工具。它是演讲者在舞台上自由游走的载体，是与听众进行心灵交流的媒介。

仪容仪表同样不可忽视，它是个人形象的代表，是向外界展示自我信念、决心和才智的重要窗口。打理得体的仪表，恰如精心设计的演讲台面，引领听众进入你的思想世界。

增强演讲凝聚力需要演讲者具有独特的观点，强烈的热情，以及深沉的情感，使每个听众都能感受到你的存在，从而被你的热情所感染，被你的信念所打动。这就使得保障演讲环境的封闭性变得十分必要，一个恰当的环境可以提升演讲者的自信，从而帮助演讲者更好地将自己的思想传达给听众。

优雅的姿态与放松的身体是演讲成功的必备武器。它能让你的表演游刃有余地传达给听众，从而以自身魅力征服听众。

# 第五章
## 实现语言的突破

在本章中，我们将把本书的原则和技巧与日常口语联系起来，即把社交场合和正式的公开演讲相联系。现在假设你即将在培训场合之外发表演讲，这将面临以下两种情形，要么是介绍另一个演讲者，要么是进行一次较长的演讲。因此，本章用一节阐述了介绍演讲者的方法，另外一节从引言到结论详细阐述了组织较长演讲的方法。

　　最后一节再次强调，本书的原则不仅适用于公开演讲情境，同样适用于日常口语。

# 第一节　介绍演讲者、颁奖与领奖

　　演讲中还有一些比较特殊的形式，如介绍词、颁奖词、领奖词。本节会就这些特殊的演讲进行讲解，遵循我所说的那些方法和建议，你就能做到说话得体。

　　我们所认识的约翰·马森·布朗是位有名气的作家，但其实他还是一位著名的演讲家，他的演讲词总是那么别致，令听众倾心。这是因为他也曾受人启发，那个要为他做介绍词的演讲者在演讲之前对他说过"一点也不需要紧张，我从来不相信所谓的事前准备，那只会限制我的即兴发挥。我只要站在演讲台上，灵感就会突如其来，从未缺席。"

　　结果，布朗信心满满地期待的那个精彩的介绍词却"爽约"了，他把这段难堪的经历写在了《习惯自我》一书：

　　女士们、先生们，大家请注意。今晚我不得不告诉大家一个坏消息，主办方本想邀请艾萨克·马克松来此演讲，不幸的是他生病了。（一片掌声）主办方于是转而邀请参议员柏莱维基先生，可惜他实在抽不开身。（一片掌声）后来主办方又联系了劳埃德·格罗庚博士，如今看来也没有成功。所幸，我们找到了替代者约翰·马森·勃朗先生。（全场鸦雀无声）"

布朗在回忆录里对那次尴尬的经历这样总结道："至少那位灵感大师没有讲错我的名字！"

那位坚信灵感从未缺席的介绍人，不但得罪了他要介绍的演讲者，更令主办方难堪，而且他更愧对自己的灵感。演讲介绍者所做的其实并不多，却相当重要，但我所认识的人中有太多没有认识到这一点。

在人际交往中，介绍词往往起到一个桥梁作用，它能将陌生的演讲者与听众变成朋友，因此它的作用十分重要。如果介绍人单纯的以为自己不需要做准备，只要把演讲者的简历介绍给大家，那么你们就大错特错了。

"介绍者"由两个拉丁词组成：intro（表示内部）；ducere（表示引导）。一个好的介绍词，可以让听众更有效地获悉演讲者的特点，判断其是否足以胜任即将演讲的题目。通俗来讲，介绍词就像一个推销词，旨在最短的时间内把演讲者和演讲内容成功"推销"出去。

显然，布朗先生并不是一个合格的"推销员"。除布朗先生外，几乎有十之八九的介绍人都不是个合格的"推销员"，他们的介绍词最终都流于形式，苍白无力，没有灵魂。演讲者如果能更加慎重地对待自己的任务，那么一定能成为受人尊敬、令人愉悦的主持人。

以下是我针对介绍词而提出的几点建议。

## 一、准备充分

介绍词往往需要简短而精悍，时间控制在一分钟内，不过这并不意味着不需用花时间去准备。首先，需要搜集事实资料，且围绕演讲者的姓名、资历以及演讲题目三点内容进行。有时也需要增加第四点内容，即怎么让这个题目引起广大听众的兴趣。如果需要第四点，那就需要提前与演讲者沟通，掌握准确的演讲题目，并了解演讲者所要讲的大概内容。

如果做不好这一点，那么有可能演讲者上来就会对介绍词率先否认，声明其所说的内容并不能代表自己的观点。因此，介绍者最好要从演讲者那里获得第一手材料，最起码也要与演讲者进行沟通，取得他的认可。

介绍者不要认为花费时间去了解演讲者的资料是一种浪费。假如你要介绍的演讲者是一位知名人物，那么你确保他的信息资料是准确无误的。你可以从《世界名人》等相关书籍中搜索，也可以去他活跃的地区的社会部门了解，或者去通过拜访其朋友和家人进行了解。形式不重要，重要的是你搜集的资料要详细可靠。

介绍时，如果对演讲者的背景介绍得太详细也会让听众感觉厌烦，比如你已经介绍他是某某博士了，就不要再介绍他的学士学位、硕士学位等；再如你已经介绍过演讲者的最高职务的话，就不要再一个一个罗列他曾担任过的所有职务；在演讲者所取得的事业成就中，一定要浓墨重彩地介绍其最杰出的那一个，或者与本次演讲组相关的那一个，而其他的稍稍带过即可。

著名爱尔兰诗人叶芝，也是一位知名演讲家，有一次受邀演讲，叶芝正打算朗诵自己的诗歌，因为那时的叶芝刚刚获得诺贝尔文学奖不久。诺贝尔文学奖是全世界文人的最高荣誉了，相信任何人都会认为这是一件非常值得提到的事，然而介绍者恰恰就忽略了这件事，他反而跑去奥林匹斯山，大谈希腊神话去了。

介绍演讲人的姓名时，发音一定要准确。约翰·马森·布朗曾说，有人错念他的名字为约翰·勃朗·马森或者约翰·史密斯·马森。加拿大著名的幽默大师斯蒂芬·吕科克在《我们今宵相聚》中提到，有人曾这样介绍他：

相信今晚大家都怀着一颗激动的心情期待里罗德先生的到来。其实，他早已是我们的老朋友了，因为我们曾不厌其烦一遍遍地熟读他的著作。里罗德先生在这里早已经是家喻户晓的存在，这么说一点都不夸张。非常荣幸地向大家介绍我们最尊贵的客人——里罗德先生。

我们搜罗资料的目的，就是为了确保你的介绍词准确无误，并预先吸引听众的注意力。那么，一旦介绍者的准备并不充分时，他的介绍词就可能含混不清，不明所以：

今天我们所邀请到的演讲者名扬千里，在大家的认识中，嗯，他无疑是这方面的权威。我们非常期待倾听他的高谈阔论，因为，他千里迢迢来到这里。那么。我们来看看这位先生究竟是，哦，是布莱克先生。

我想这位介绍人只需要花上几分钟的时间，也不至于说出这么一段含糊不清的介绍词。

## 二、T( 题目 )——I( 重要性 )——S( 演讲者 )

"题目——重要性——演讲者"可以说是介绍词的通用公式，运用它可以让你有的放矢地搜集和准备资料。

"题目"，即向听众清楚准确地介绍演讲题目，以便接下来逐层展开介绍；

"重要性"是说介绍词的重要性，以引起介绍者的重视，即在演讲者和听众之间构架其一座桥梁。

"演讲者"即清晰无误得向听众介绍演讲者的姓名和简介，以及重点介绍与本题目有关的演讲者的资质。

在这个公式中，介绍词不能千篇一律，更不可索然无趣，介绍者往往要在短短一分钟的介绍时间中充分发挥想象力。高明的介绍者往往会严格按照公式行事，但又不着痕迹。我有一个真实的案例，可通过此案例来进行论证。有一位来自纽约的编辑霍·桑，作为介绍者的他向一群新闻记者介绍纽约电话局的主管乔治·维柏姆：

今天，我们演讲者所要演讲的题目是"电话为您服务"。在我看来，我们这个行业所发生的事情就像世界上的另一个大谜团，这与爱情和赛马场带个给人们的狂热是一样的。为什么你会打错电话？为什么从纽约打到芝加哥的电话比你从家打到附近乡镇的电话要更快呢？

我们的演讲者正好能为你答疑解惑，当然关于电话的任何问题他都能为你解答，因为他已经在电话业务方面服务了 20 年。他的工作就是负责消化各种关于电话业务的细节，并将这些业务解释清楚给其他人听。他是一名电话公司的高管，凭借工作赢得了自己的头衔。

他现在将向我们介绍他的公司是如何为我们开展服务的。如果你今天对服务感到友好，请把他看作守护神；如果你最近正为此困扰，请让他成为捍卫的代言人。女士们、先生们，有请纽约电话公司副总裁——乔治·韦伯（George Wellbaum）先生。

请注意，介绍者已巧妙地把听众的思维聚焦在了电话问题上。通过提出问题，他激发了他们的好奇心，然后表明演讲者将回答这些问题和任何其他问题。这个介绍自然到让我怀疑它根本没有被写下来或者背熟。即使写在纸面上，它看起来也是那么的随意、自然。

介绍不应该死记硬背。美国女演员和知名作家克丽妮亚·斯金娜（Cornelia Otis Skinner）就曾被淹没在了主持人背得滚瓜烂熟的介绍词中，于是她不得不深吸一口气，自我介绍道："见于邦德上将的盛情邀请，今晚我们有幸见到了克丽妮亚·斯金娜女士。"

介绍应该是自然而然的，发乎于请，而非板着面孔、严肃地进行。在上面引用的韦尔鲍姆先生的介绍词中，就没有陈词滥调，如"我非常高兴"，"我很荣幸向你介绍"等字眼。介绍演讲者的最好方式是直接给出他的名字或者说"我介绍"，然后说出他的名字。

有些介绍人会介绍得太长，这很容易让听众厌烦。另一些人则沉迷于雄辩的幻想之中，总想给演讲者和观众留下他们高大、深刻的印象。还有一些人会犯一些低级错误，引入一些"笑话"，有时不太得体，或者故意对演讲者使用一些带有轻视或贬低的字眼，从而达到幽默的效果。请尽量避开以上这些错误。

我又想起一个遵循 T—I—S 公式的例子，不过它又独居特点。我们来看埃葛·L. 思纳迪（Edgar L. Schnadig）在介绍著名科学教育家和编辑森罗特·文德（Gerald Wendt）时，是如何将公式的三个阶段融合在一起的：

《今日科学》的主题思想是科学而严肃的。它让我想起一个精神病患者的故事，他陷入一种幻觉，认为自己肚子里有只猫。由于无法证明这一点，精神病医生只好为他安排了一场模拟手术。当这个人从麻醉中恢复过来时，他看到了一只黑猫，并被告知他的麻烦结束了。他回答说，"对不起，医生，困扰我的那只猫是灰色的。"

《今日科学》也是这样。你想抓住一只叫做 U-235 的猫，结果你得到一群叫做钚、镎、铀 233 或其他东西的小猫，就像芝加哥的冬天一样，这些元素是不可抗拒的。古代的炼金术士可以说是史上第一代核科学家，他临终时祈求再多一天来发现宇宙的秘密。而现在，科学家们创造出了以前从未想象过的秘密。

这位演讲者是一个了解科学现状和未来的人。他曾经是芝加哥大学的化学教授，宾夕法尼亚州立学院的院长，俄亥俄州哥伦布市的巴特尔工业研究所的所长。他曾在政府服务中担任科学家，并担任过编辑和作者的职务。他出生于艾奥瓦州达文波特市，并在哈佛大学获得了专业学位。他在战争工厂接受了培训，并广泛旅行于欧洲。

同时，他还是几个科学领域中众多教科书的作者和编辑。《面向未来的科学》（Science for the World of Tomorrow），就是他担任纽约世界博览会科学主管时出版的。作为《时代》《生活》《财富》和《时代进程》的咨询编辑，他对科学新闻的解读触及了广泛的受众。我们的演讲者于1945年在广岛原子弹爆炸后10天出版了《原子时代》（The Atomic Age）。他最喜欢的口头禅是"最好的尚未到来"，事实也是如此。我很自豪地介绍，您也将很高兴听到，科学插图杂志的编辑总监，森罗特·文德（Gerald Wendt）博士。

曾几何时，过度夸大演讲者在介绍中是一种流行的风格。介绍者用鲜花堆砌演讲者，结果使演讲者经常因不堪过度的恭维而陷入尴尬境地。

密苏里州堪萨斯城的著名幽默家汤姆·科林斯曾告诉《主持人手册》的作者赫伯特·普罗克诺，"对于一个想要幽默演讲的人来说，向听众承诺他们很快就会笑到在地上打滚显然是不可取的。"

另一方面，也不要低估演讲者的能力。斯蒂芬·利科克回忆起他不得不回应这样的介绍："这是我们今冬第一场系列讲座，正如大家所知道的，上一届系列讲座不太成功，还亏损了。因此，今年我们开始了一条新路线，并试图启用更廉价的人才。现在，我介绍利科克先生。"利科克先生幽默地评论道："你能想象爬出舞台后被标记为、'更廉价的人才'的感觉有多糟糕吗？"

## 三、态度和内容并重

您应该尽力友好地向听众介绍他人，而不能为了取悦自己而发言。如果您在宣布演讲者的名字时达到了发言的高潮，那么观众的期待感会增加，他们也会更加热烈地为演讲者鼓掌。观众的良好感受反过来会激励演讲者发挥出最好的表现。

当您在介绍词的尾声宣布演讲者的名字时，最好记住使用一些或停顿、分隔或强调的方法。停顿意味着在给出名字之前稍微保持一点沉默，以增加期待感；分隔意味着名字的姓和名之间应该有一个轻微的停顿，以便观众清楚地了解演讲者的名字；强调则意味着名字应该用力有力地宣布。

还有一个注意事项：请您务必注意，当您宣布演讲者的名字时，请不要转向演讲者，而是要一直看着观众，直到最后一个音节被发出，然后再转向演讲者。我见过无数的主持人做了精彩的介绍演讲，但在结束时却因转向演讲者而毁了一切，结果听众根本不知道演讲者是谁，叫什么。

## 四、保持真诚

切忌介绍中说一些轻蔑或冷嘲热讽的话来体现你的幽默感。一种含沙射影的介绍方式往往会被部分观众误解，所以请保持真诚温暖。或许你和演讲者关系亲密，但听众并不是，这些无意的言论很有可能被听众误解。

## 五、充分准备

"已经证明，人类内心最深切的渴望是被认可、被尊敬！"麦乔丽·威尔森的这句话道出了大多数人的心声。我们都希望在生活中取得成功。我们想要被赞赏。别人的称赞，哪怕只是一个词都能让人心情愉悦。网球明星埃尔获·济伯森在自传的标题中巧妙地表达了这种"人类内心的渴望"——"我想成为有价值的人"。

当我们进行致辞时，会向观众保证，获奖者真的是一个有价值的人，他在某方面取得了斐然的成绩，因此值得受到该荣誉。我们因此而聚在一起，为他颁发这个荣誉。但不是每个人都适合这种赞美之词，对于经常获得荣誉的人来说，他们更适合简短干脆的致辞，而对于十分艰难才得到该荣誉的人来说，你的致辞将成为他们毕生难忘的话语。

因此，我们在颁奖时应认真考虑我们选择的措辞。这里有一个经久耐用的公式：

（1）解释为什么颁发该奖项。也许是为了长期服务，或者是为了赢得比赛，或者是为了一次值得注意的成就，就简单地解释一下；

（2）替听众表达对被授予荣誉者的生活和人生经历的兴趣；

（3）表示荣誉的价值和听众对受奖人的热情支持；

（4）祝贺受奖人，传达大家对他未来的美好祝愿。

短小的颁奖致辞中，真诚是至关重要的。如果你被选中做颁奖演讲，代表你和受奖人一样得到了殊荣，你一定是被大多数人认可的，所以才得到了这项任务。那么，为了不负重托，就需要动一些脑子和精力去组织语言，避免一些演讲者常犯的错误，包括夸大其词。

在这样的场合，很容易夸大被表彰者的优点，言过其次。当然，如果获奖者是值得的，我们必须这么说，但请注意一个度。夸大的赞美会让获奖者感到不适，且无法让听众信服。这就像，收到一件礼物，我们应该强调的是送礼者的心意，而不是强调礼物的内在价值。

## 六、表达你真挚的感受

颁奖致辞应该比颁奖典礼的致辞更短，而且不需要背诵，但是准备好致辞会更有优势。如果我们知道自己将要接受奖项并进行颁奖致辞，我们应该不会因为找不到恰当的感谢话语而手忙脚乱，从而展现出我们的风度。

类似于"谢谢"、"我生命中最伟大的时刻"、"我经历过的最美好的事情"，这样的话并不太好。它也像在颁奖词中一样存在夸张的危险。用"生命中最伟大的时刻"和"最美好的事情"这样的措辞过于泛泛，适度的措辞会更好地表达真诚的感激之情。这里有几条建议：

（1）对团体表示真诚的感谢；

（2）表彰帮助过你的人，包括你的同事、雇主、朋友或家人；

（3）表达对奖项的感激，同时简要说明奖项的意义和它对你的影响；

（4）结束语，再次表示感激，向大家表示感激之情。

在本节中，我们讨论了三种特殊类型的演讲，你可能会在工作或与某些组织或俱乐部的联系中被要求进行其中的任何一种。在进行以上任何这些演讲时请认真遵循这些建议，你就能做到在对的场合说对的话，从而收获满足感。

## 【经典摘录】

一种含沙射影的介绍方式往往会被部分观众误解，所以请保持真诚温暖。或许你和演讲者关系亲密，但听众并不是，这些无意的言论很有可能被听众误解。

夸大的赞美会让获奖者感到不适，且无法让听众信服。这就像，收到一件礼物，我们应该强调的是送礼者的心意，而不是强调礼物的内在价值。

## 【本节解读】

介绍词、颁奖词和领奖词也属于演讲的种类，只不过这种这些看似日常的演讲，却需要独特的魅力和技巧才能赋予其深远的影响力。这是一个需要考验演讲者敏锐度、情感表达与应变能力的舞台。卡耐基先生在这一节中，为大家详细阐释了这些特殊演讲的秘诀。

在进行人物介绍时，要以尊重和欣赏的态度来表述，因为每个人都值得被赞赏。这需要仔细研究被介绍者的背景，找出他们最值得被强调的优点，尽量让每一句话都充满赞赏和尊重的色彩。要记住，一个真心实意地赞扬，能在听者心中留下深刻的印象。

颁奖词需要短小精悍，直击要点，不拖泥带水，语言要有力、有节奏，尽量避免过于复杂的表述，否则有喧宾夺主之嫌。发言人必须对获奖者的贡献有足够深入的了解，以此为基础进行有深度的阐述，向听众展示出获奖者所付出的努力和才华。

在接受奖项时，领奖词更加考验演讲者的个性和风格。领奖人需要表达出真挚的谢意，向所有的支持者和团队表达深深的感激。这个环节不仅需要流畅的语言，更需要真实的感情，让你的谢意、感动和欢喜，像激流一样冲击着每一个在场的人。

# 第二节　组织长篇演讲

　　任何一个理智的人在建造一座房子之前都会有一定的规划；但为什么他在发表演讲时却可能毫无头绪，不知所措？演讲就像是一次带着目的地的旅行，必须有一个行程安排，那些毫无计划的人通常也就毫无收获。拿拿破仑的这句名言我希望能用鲜红的大字在全球演讲者集聚的门口上标语："战争是一门艺术，更是一门科学，任何没有被精心谋划和思考的行动都是徒劳的。"

　　演讲和射击一样，都需要事先精心设计。但是，演讲者们意识到了这一点吗？或者，即使他们意识到了，又付诸行动了吗？答案是否定的。很多演讲所做的准备还不如炖一锅爱尔兰肉更让人费心。

　　如何高效地组织一篇长篇演讲？在深入研究之前，任何人都无法作出回答。这是一个永恒的问题，每个演讲者都必须不断地自问和自答。没有绝对正确的规则，但至少可以指出演讲中获取行动的三个主要阶段：引起注意、正文和结论。针对每个阶段，都存在一些历经时间考验的方法来完善其发展。

## 一、立即引起注意

我曾经询问过曾任西北大学校长的林·哈罗德·胡博士，他经年的演讲者经验是否让他明白什么才是最重要的一点。思考了一会儿后，他回答说："获取引人注目的开场白，即能立即抓住人们的注意力。"胡博士触及了所有有说服力演讲的核心问题：让观众"入神"听讲的第一句话。以下是一些方法，如果应用，将为您的开场白赋予高度的关注价值。

### 1. 以事件或例子开始演讲

洛沃·托马斯（Lowell Thomas）以新闻分析家、演讲家和电影制片人的身份享誉全球，他曾以"阿拉伯的劳伦斯"为题开始一场演讲，他说："有一天，我在耶路撒冷的基督教大街上走着，遇到了一个身着东方强人华丽长袍的人。他身旁悬挂着弯曲的黄金宝剑，只有先知穆罕默德的后代才能佩戴……"

这样的开场白通过生动的故事情节引入主题，吸引听众的兴趣。

接着，他就以他的个人经历讲述故事，这就是吸引注意力的诀窍。这种开场白几乎是百试不爽的，它能够让人们产生共鸣，激发听众的兴趣。我们会跟随演讲者的步伐，因为我们已被带入故事中，我们想知道接下来会发生什么。没有什么比讲故事更引人入胜的开场白方法了，我自己的一个演讲，就以这些话开始：

在我刚刚大学毕业后的某个晚上，我走在南达科他州的休伦市的一条街上，看到一个人站在一个盒子上，对着一群人讲话。我很好奇，所以我成了听众中的一员。

"你知道吗，"演讲者说，"你从来没有看到一个秃顶的印第安人吗？或者你从来没有看到一个秃顶的女人，对吧？现在，我要告诉你为什么……"没有拖延，没有"热身"的声明。通过直接介绍一个事件，您可以轻松地吸引观众的注意力。

一个以自己的经历开始演讲的演讲者是处于安全地带的，因为他不需要摸索言辞，也不会失去思路。他讲述的经历是属于自己的，是他生命中的一部分，是他存在的本质。结果呢？一个自信、放松的态度将有助于演讲者与听众建立友好的关系。

2. 激发悬念

这是鲍威尔·希利（Powell Healy）先生在费城宾夕法尼亚运动俱乐部的一次演讲开场白：

82年前，一本小小的故事书在伦敦出版，命中注定要成为不朽之作。许多人称它为"世界上最伟大的小书"。当它第一次出现时，行人在斯特兰德或帕尔莫尔相遇时问道："你读过它吗？"答案总是："是的，上帝保佑他，我读过了。"

通过这样的开场白，您可以激发听众的好奇心，让他们想知道这本小书是什么，为什么会成为不朽之作。这种开场白利用了人们的好奇心和求知欲，从而让听众更愿意聆听演讲者的内容。

结果，当天它出版时，就卖出了一千本。两周内，需求量已达到一万五千本。自那时以来，它已经印刷了数不清的版本，并被翻译成了天下每种语言。几年前，J·P·摩根以惊人的价格购买了原始手稿，现在它被陈列在他那壮观的艺术画廊中，与无数个无价之宝为武。这是一本世界闻名的书吗？它是……

先引起听众的好奇心，然后制造悬念达到高潮，这样的方式可以让听众更加期待将要分享的内容。这种开场白的效果类似于小说或电影中的情节铺设，引发观众的兴趣，同时也为演讲者创造了一个引人注目的开端。

你是否感兴趣？是否渴望了解更多？演讲者是否成功地获得了听众的有利关注？当你聆听演讲时，你是否感到这种开场白引起了您的注意，并在发展过程中增强了你的兴趣？为什么？因为它引发了您的好奇心，让您一直保持在悬念中。

好奇心！谁不容易被它所吸引？也许您也是！您正在问自己作者是谁，上面提到的书是什么？为了满足您的好奇心，这里是答案：作者是查尔斯·狄更斯（Charles Dickens），书名是《圣诞欢歌》（A Christmas Carol）。

制造悬念是获取听众兴趣的一种绝对有效的方法。在我的"如何停止忧虑，开始生活"的演讲中，我尝试通过以下方式激发悬念：

在1871年的春天，一个注定成为世界著名医生威廉·奥斯勒（William Osler）的年轻人拿起了一本书，读了21个单词，这些单词对他的未来产生了深刻的影响。

这 21 个单词是什么？这些单词如何影响他的未来？这些都是听众想知道的问题。

### 3. 陈述一个引人注目的事实

宾夕法尼亚州立大学婚姻咨询服务的主任克里夫特·R.亚当斯（Clifford R. Adams）在一篇标题为"怎样寻找生活伴侣"的文章中，以这样的方式做了开场白，或许令人震惊，但确实成了一个引人注目的开场白：

如今，我们的年轻人通过婚姻获得幸福的机会是微乎其微的，而离婚率的上升令人恐怖。1940 年，每五到六个婚姻中就有一个失败了，到了 1946 年，预计将变为四分之一。如果长期趋势持续下去，50 年后这一比例将变为一半。

通过这样一个引人注目的开场白，您可以引起听众的共鸣和思考，让他们更愿意听取您接下来的观点和建议。这种开场白的效果在各种演讲场合中都可以得到应用，特别是在需要让听众了解一些重要事实或数据时。

以下是两个其他的"引人注目的事实"开场白例子：

战争部预测，在一场核战争的第一个晚上，将有 2000 万美国人被杀。

几年前，斯嘉丽—霍华德报纸公司花费了 176,000 美元进行一项调查，以发现客户对零售店的不满意之处。这是有史以来花费最高、最科学、最全面的零售销售问题调查。调查问卷被发送到 16 个不同城市的 54,047 户家庭。其中一个问题是："您对这个城镇的商店有何不满意之处？"

这些引人注目的开场白不仅能够吸引听众的注意，还能让听众更深入地思考一些重要的问题或事实。使用这样的开场白，演讲者可以在短时间内引起听众的共鸣和兴趣，从而为演讲奠定一个良好的基础。

几乎五分之二的答案都是一样的：嚣张的售货员！

在演讲开始时使用这种惊人的陈述方法，可以有效地与听众建立联系，因为它会激起听众的思维。这是一种"震惊战术"，通过使用意想不到的方式来引起关注，使听众专注于演讲的主题。

在华盛顿特区的我们班级中，有一位叫玛格·希尔（Meg Sheil）的成员，她使用了这种激发好奇心的方法，比我听过的任何人都有效。以下是她的开场白：

我被囚禁了十年。不是在普通的监狱里，而是在我深深地忧虑和对批评的恐惧里。"难道您不想更多地了解这个真实的事件吗？

这种惊人的开场白有时会倾向于过于夸张或过于轰动。我记得有一位演讲者开始演讲时开枪射向天空，他确实引起了注意，但他也炸碎了听众的耳膜。

## 4. 让你的开场白具有谈话的风格

发现你的开场白是否具有谈话的风格的有效方法是在晚餐桌上尝试。如果你开场白的方式不够符合谈话风格，无法在晚餐桌上说出口，那么它可能对听众来说也不够有趣。

然而，往往被认为可以引起听众兴趣的演讲开场白，实际上却是演讲中最乏味的部分。例如，最近我听到一位演讲者这样开始："信任上帝，相信你自己的能力……"这是一种说教式、显而易见的开场白！但是请注意他的第二句话，却很有趣，"1918年，我的母亲成了一位寡妇，要养活三个孩子，却没有一分钱……"为什么那位演讲者不在他的第一句话中就讲述他的寡妇母亲与三个小孩的生活挣扎呢？

如果想引起听众的兴趣，千万不要以介绍开始，直接跳入你的故事的核心，这样开始。

这就是富兰克林·贝森（Frank Bettger）所做的，他是《我怎样在销售行业取得成功》的作者，也是一位艺术家。我们曾一起在美国各地旅行，为美国青年商会组织的销售演讲，我一直很钦佩他在热情方面开场白的精湛方式，丝毫没有说教，没有讲课，没有布道，没有泛泛而谈的陈述，总是能直奔主题："在开始作为一名职业棒球运动员不久后，我就经历了一生中最大的震惊之一。"这种开场白对他的听众有什么影响？我太清楚了。我亲眼看见了听众的反应——他成功吸引了每个人的注意力。

## 5. 向观众提出问题

要求他们举手回答是一个引起兴趣的好方法。例如，我曾经在我的关于"如何预防疲劳"的演讲中这样开场："请举起你们的手。

有多少人感觉应该比原来更快地疲劳？"请注意：当你要求观众举手时，通常要提前警告一下。不要在演讲开始时就说："这里有多少人认为所得税应该降低？"这样做可能会让观众感到不舒服。相反，可以通过说一些类似"我想知道我们大家对这个问题的看法，如果你同意我的观点，请举手"等话语来引导观众举手。这种方法不仅能够吸引观众的注意力和参与度，还能够提供有价值的信息，帮助你更好地调整演讲内容，以迎合观众的兴趣。

"让我们看看你们的手。"在提出投票问题前，给观众一些准备时间，比如说："我将就一个对您来说非常重要的问题要求进行投票。这个问题是：'有多少人认为赠品券对消费者有好处？'

要求观众举手的技巧可以得到一种无价的反应，称为"观众参与"。当您使用这种技巧时，您的演讲不再是单方面的。现在，观众正在参与其中。当你问："有多少人感觉应该比原来更快地疲劳？"每个人都开始思考自己喜欢的话题：自己、自己的疼痛、疲劳。他举起手，可能环顾四周看看谁还在举手。他忘记了他正在听一个演讲，而是微笑着向旁边的朋友点头。演讲者，观众都放松了心情。

向听众承诺告诉他们如何通过您的建议获得他们想要的东西，是一种几乎不会失败的获取注意力的方法。例如以下例子：

"让我告诉您如何预防疲劳，我将告诉您如何每天增加一小时的清醒时间；"

"让我告诉您如何实质性地增加您的收入；"

"我承诺，如果您能听我讲十分钟，我将告诉您如何确保自己更受欢迎。"

这种"承诺"类型的开场白肯定会引起注意，因为它直接涉及听众的自身利益。太多时候，演讲者忽略了将自己的话题与听众的重要利益联系起来。他们没有为吸引注意力打开大门，而是用沉闷的开场白关闭了大门，描述了主题的历史，或费力地阐述了理解该主题所必需的背景。

我记得几年前听过一次关于定期体检必要性的演讲，这个主题本身对听众来说非常重要，但是演讲者如何开始他的演讲呢？他是否通过一个有效的开场白增加了主题的吸引力呢？不，他以枯燥无味的方式开始了他的演讲，讲述了有关历史背景，于是失去了听众的注意力。如果他采用"承诺"技巧作为开场白，效果会更好。例如：

你知道你还能活多久吗？保险公司可以通过寿命期望表来预测这个问题，这些表格是由数百万人的生活数据编制而成。你可以期望在你现在的年龄和八十岁之间生活三分之二的时间……现在，这对你来说够长了吗？当然不够！我们都非常渴望能够活得更长，并且希望证明这个预测是错误的。你会问，如何做到这一点？如何将寿命延长超出统计学家说剩下的惊人短暂年限？是的，现在有一个答案，有一种方法可能实现这个目标，我将告诉你如何做到……

这种开场白能否吸引你，是否能促使你听演讲者讲话，我留给你自己决定。你必须听他讲，因为他不仅在谈论你，你的生命，而且他承诺会告诉你一些最具个人价值的东西。这种开场白几乎是不可抗拒的。

### 6. 使用展示物

也许世界上最容易引起关注的方式之一就是拿出东西让人们看。几乎所有的生物，从最简单的到最复杂的，都会对这种刺激给予关注。有时候，这种方法甚至可以在最庄重的观众面前产生效果。例如，费城的爱丽思在我们的一个课堂上，通过将硬币夹在拇指和食指之间，高高地举过肩膀而开场。这个举动自然而然地吸引了所有人的目光。然后他问道："这里有人在人行道上发现过这样的硬币吗？上面宣称幸运的发现者将在某个房地产开发项目中获得一块免费地。他只需打电话并出示这个硬币……"爱丽思接着谴责了这种误导性和不道德的做法。

所有上述方法都值得称赞。它们可以单独使用，也可以组合使用。只要认识到，你如何开场在很大程度上决定听众是否会接受你和你所要传达的信息。

## 二、避免得到不良关注

请记住，你不仅需要吸引听众的注意力，还需要赢得他们的好感。请注意，我说的是"好感"。任何理智的人都不会用侮辱听众或发表不良言论的方式来开始演讲，因为这会让他们对你和你的信息产生反感。然而，演讲者经常错误地使用以下方法来吸引注意力，我在这里特别提醒请不要这样做。

### 1. 避免以道歉开始演讲

不要以道歉开始演讲，这也不是一个好的开端。我们经常听到演讲者以道歉开始，指出他们缺乏准备或能力。如果你没有准备好，听众一定能发现这个问题，而不需要你的提醒。

为什么要侮辱听众，暗示你认为他们不值得准备，认为你随便准备的东西就足以为他们服务？不，听众不想听到道歉；他们想要得到信息并产生兴趣！所以请记住这一点，一定要让你的开场白捕捉听众的兴趣，不是第二句，不是第三句，而是第一句！

### 2. 避免使用"搞笑"的故事开场

你也许已经注意到，有一种开场白的方法，许多演讲者都非常喜欢使用，但在这里不被推荐，即所谓的"幽默式"的开场白。新手们为了活跃气氛，总希望能效仿马克·吐温式的幽默。千万不要落入这个陷阱，否则你会尴尬地发现，你的"幽默"总是通向悲剧，而不是喜剧。

幽默感是演讲者非常珍贵的资产。一场演讲并不需要一开始就沉闷、庄重、无趣。如果你能通过一些有趣的引用，结合当地状况、场合或前一个演讲者的言论，来调侃听众的幽默神经，那就请毫不犹豫地这么做。这种幽默更有可能成功，因为它是相关的，且是创新性的，而不是陈词滥调的笑话。

也许创造欢乐最容易的方法是讲述一个自嘲的故事，描述自己处于一些荒谬和尴尬的情况中。这才是幽默的本质。杰克·班尼曾使用这种方法很多年，结果他成了最早一批喜剧广播演员之一。他经常开自己的玩笑，如他的小提琴演奏能力、他的吝啬和他的年龄等，都成了他的调侃对象，而这让他的收视率年年保持高水平。

演讲者若能以幽默的方式自嘲某些缺点或失误，观众就会在心灵和思想上都对其敞开心扉。相反，把自己塑造成答疑解惑的专家，则会让观众感到冷淡和无法接受。

## 三、支持主要思想

为了在演讲中达到预期目标，你需要注意几个要点，要点最好越少越好，但必须要有支持材料。前面章节中，我们讨论了一种支持演讲要点的方法，即通过讲述自己的经历来加强表述。这种类型的例子很受欢迎，因为它能吸引人们的基本驱动力，但并不是支持观点的唯一方式，你还可以使用统计数据（即科学分类的例子）、专家证言、类比、展示或演示等方式。

然而，仅仅是用统计数据来支持你的观点是不够的。每当统计数据缺少生动形象的描绘时，它们就很容易让人产生厌烦感。因此，在使用数据时应当注意节制，而且要运用生动有趣的语言来呈现。下面是一个例子，它通过将数据与我们熟悉的事物进行比较，使得数据变得更加震撼。在证明纽约人因为不及时接听电话而浪费了大量时间的时候，一位高管说道：

在每100个电话接通中，有7个连接需要等待1分钟以上才有人接听。每天会因此浪费280,000分钟。在六个月的时间里，这种一分钟的延迟在纽约所浪费的时间相当于哥伦布发现美洲以来所有的工作日加起来。

单纯的数字和数量并不令人印象深刻，必须将它们与我们的经验联系起来进行阐释。我曾经听过一位导游在大峡谷水坝庞大的发电室里发表演讲。他可以给我们提供房间的平方英尺数，但这并不如他使用的方法更具说服力。他告诉我们，这个房间足够大，可以容纳1

万人围观标准足球场上的比赛，并且在两端还有足够的空间留给几个网球场！

多年前，在布鲁克林中央 YMCA 的一门课程中，有个学生在他的演讲中讲述了前一年因火灾而被摧毁的房屋数量。他还说，如果这些被烧毁的建筑物并排放置，那么这条线将从纽约一直延伸到芝加哥；而如果这些死于火灾的人们相距半英里，这条可怕的人类之线将从芝加哥一直延伸回到布鲁克林。

## 1. 使用专家证言

你可以通过引用专家的证言，在演讲的主体部分有效地支持你想要表达的观点。在使用证言之前，需要回答以下问题来测试其可靠性：

*我即将使用的引文准确吗？*

*它是否来自该人的专业领域？引用乔·路易斯（Joe Louis）关于经济学的话显然是在利用他的名声，而非他的专业优势。*

*引用的是受到听众认可和尊重的人的话吗？*

你确定这个陈述是基于第一手的知识，而不是个人利益或偏见吗？很多年前，我在布鲁克林商会上的一个班级中，有一位成员在谈论专业化的必要性时引用了安德鲁·卡内基的一句话。他选择得当吗？是的，因为他准确地引用了一个被观众尊重的人，他获得了在商业成功方面发言的权利。那句话今天仍然值得重复。

我相信在任何领域中取得卓越成功的真正道路是成为该领域的专家。我不相信分散资源的策略，在我的经验中，我很少见过在赚钱方面取得卓越成就的人，尤其是在涉及多个企业的制造业中从未遇到过。那些取得成功的人是那些选择了一条路并一路走来的人。

### 2. 运用类比

"类比"根据韦伯斯特的定义是指"两件事物之间的相似关系……体现在它们本身的相似性上，而是体现在它们的两个或更多属性、情况或效果上的相似性。"运用类比是一种支持主要观点的好方法。以下是担任内政部助理部长的杰勒德·戴维森（C. Girard Daviuson）在谈论"需要更多电力"的演讲摘录。请注意他如何运用比较类比来支持自己的观点：

一个繁荣的经济必须始终保持繁荣发展，否则它就会陷入危机。这就像飞机一样，如果静止在地面上，只是一堆毫无用处的螺帽和螺栓。但是，当它在空中向前移动时，它就发挥了它的用途。为了保持飞行，飞机必须不断向前，如果它不向前飞，它就会坠落。

这里是另一个，也许是演讲历史上最杰出的类比之一；林肯在内战关键时期回应他的批评者时使用了这个类比：

先生们，我希望你们暂且想象一下这种情况。假设你拥有的全部财产都是黄金，并把它交给了著名的走钢丝高手布隆丹，让他在紧绷的绳索上横渡尼亚加拉瀑布。你会在他通过时晃动绳索吗？或者一直对他喊叫："布隆丹，弯一点！再快一些！"不会的，我敢肯定。你会屏住呼吸，保持沉默，让他安全地过去。现在政府面临同样的境地。它正在穿越汹涌的海洋，承载着无数的宝藏。它正在尽力而为。

不要骚扰它！静静地等待，它会安全地带你到彼岸。

### 3. 运用演示，无论是否搭配展品

当铁火人公司的高管与经销商交流时，发现他们需要一种生动的方式来展示燃料应该从底部而不是从顶部加入炉子。于是他们采用了这种简单但引人注目的演示方式——演讲者点燃一根蜡烛，然后说道：“看看火焰燃烧得多清晰，有多高。由于几乎所有的燃料都被转化成了热量，它几乎不产生烟雾。”接着，演讲者再将蜡烛的燃料从下方加入，继续说道：“就像铁火人向炉子中加入燃料一样，现在假设这支蜡烛像手动装煤的炉子一样从上方加入燃料。请注意火焰如何逐渐熄灭，然后嗅到烟味，听到噼啪声，接着它因为不完全燃烧而变红。”最后，由于从上方加燃料效率低下，火焰熄灭了。

几年前，亨利·莫顿·罗宾逊在《Your Life》杂志上发表了一篇有趣的文章，题为《律师如何赢得陪审团的青睐》。在这篇文章中，他描述了一位名叫阿布·哈默的律师代表一家保险公司应诉时展示了一场引人入胜的表演，因此备受赞誉。原告波斯特雷思先生声称，由于从电梯井里摔下来，他的肩膀受了严重的伤，无法抬起右臂。

哈默看起来非常担忧。“现在，波斯特雷思先生，”他自信地说，“请向陪审团展示您能将手臂抬多高。”波斯特雷思小心翼翼地将手臂抬到了耳朵的高度。“现在请您展示一下在受伤之前您能将手臂抬到多高，”哈默敦促道。“像这样高，”原告说着，将他的手臂完全伸直在头顶上方。大家可以自行得出陪审团对这一演示的反应结论。

在长时间的演讲中，你可能会提出三个或最多四个要点，快的话，不到一分钟就可以说完这些要点。然而，若只是将它们背诵给听

众，会让人感到无聊乏味。怎样才能让他们变得生动有趣呢？请使用材料支撑。这正是赋予您演讲活力和吸引力的所在。通过使用事例、比较和演示，您可以使主要思想变得清晰而生动；通过使用统计数据和证言，您可以证明真相并强调主要观点的重要性。

## 四、号召行动

有一天，我去见了工业家和人道主义者乔治·F·约翰逊，当时他是伟大的恩迪科特—约翰逊公司的总裁。但对我而言更有趣的是，他是一个能够让听众笑、让听众哭泣，并且经常长时间记住他说的话的演讲者。他没有私人办公室，只有一个在繁忙的大工厂角落里的办公桌，他的态度和他的老木桌一样不矫揉造作。

"你来得正是时候，"他站起来迎接我说，"我刚刚完成了一项工作。我已经记录下我今晚要对工人们演讲的结束语。"

"从头到尾将演讲的内容安排妥当总是一种宽慰，"我对他说道。

"哦，我还没有把所有的内容都记在脑海里，"他说，"只有一般想法和我想结束的具体方式。"

他并非一位专业的演讲家，从未借助铿锵有力的措辞或华美辞藻。但是，由于丰富的经验，他悟出了成功沟通的其中一条奥秘。他明白，如果演讲要成功，结尾必须精彩绝伦。他深刻领悟到，演讲的结尾是前文中所有内容必须合理引导听众前进的部分，这才能留下深刻印象。实际上，结束语是演讲中最具策略性的关键点，人们在结束时留下的最后几句话常常被铭刻在听众的心中。与乔治·F·约翰逊先生不同，初学者往往未能领会结尾的重要性，他们的演讲结尾通常令人留下遗憾。

结尾实际上是演讲中最具策略性的关键点，人们在结束时留下的最后几句话常常被铭刻在听众的心中。与乔治·F·约翰逊先生不同，初学者往往未能领会结尾的重要性，他们的演讲结尾通常令人留下遗憾。那么，他们最常见的错误是什么呢？让我们探讨一下，并寻找解决方法。首先，有些人会以"关于这个问题，我就说这么多，我想我该停了"这样的结尾结束演讲。

这类演讲者通常会以"谢谢"这样的毫无力度的结尾，掩盖他们无法令人满意地结束演讲的无能。这不是一个真正的结尾，而是一个错误，流露出业余水平。这是几乎不可原谅的。如果您真的没有更多可说的，为什么不把演讲概括一下，然后迅速离席而不提结束语呢？这样做，听众会凭借自己的判断力和良好的品位来判断您是否已经讲完。

接下来是那些演讲者，他们已经说完了所有的话，但是不知道该如何结束。我相信乔希·比林斯曾经建议人们用尾巴抓住公牛而不是角，因为这样放手会更容易。这类演讲者抓住了公牛的前端，想和它分开，但无论如何他都无法接近友好的围栏或树木，所以最后他只能在同一个地方打转，反复讲同样的话，留下不好的印象……

那么，应该如何解决这个问题呢？以下是一些建议：

## 1. 做总结性言论

在演讲的过程中，演讲者很容易涉及过多的内容，以至于到了结束时，听众对于他所阐述的主要观点还有些模糊。演讲者对自己的观点是清晰的，但对于听众来说，这些观点都是新的。它们就像丢出去的散弹，有些观点可能会被听众接受，但大多数可能会在混乱中滚落。正如莎士比亚所说，听众可能会"记住一堆东西，但没有什么是清晰明了的。"因此，演讲者需要进行总结，以帮助听众更好地理解演讲的主要内容。

有报道称，一位匿名的爱尔兰政治家曾经给出了一个演讲制作的秘诀：

*首先告诉他们你要告诉他们什么；*

*然后告诉他们；*

*最后告诉他们你已经告诉了他们什么。*

在演讲结束时"告诉他们你已经告诉了他们什么"通常是非常明智的。这使得听众即使没有听完整个演讲，也可以通过结尾总结了解整个演讲中所有的要点。你觉得这样的总结有帮助吗？如果有，那就将这种技巧应用到你自己的演讲中。

## 2. 付诸行动

在你演讲的最后一句话中，往往是请求听众买单的时候了。所以一定要告诉你的听众加入、贡献、投票、写信、打电话、购买、抵制、入伍、调查、宣判，任何你想要他们去做的事情。

但请注意，要求他们去做某些具体的事情而不要说诸如"帮助红十字会"等笼统的事情。可以这样说："今晚请将你的注册费一美元寄给红十字会，地址是这个城市的史密斯街 125 号。"

你也可以提供一份已经写好的信，让他们签名并邮寄给议员。或者，你可以提供议员的地址和邮政编码，让他们在回家的路上顺便寄出一封信。总之，要使你的呼吁在听众中具有现实可行性，让他们知道自己能够做些什么来实现你的目标，这是你向他们提出行动请求的关键。

你的听众可能对此不是非常关注，或者这样做太麻烦，或者他们会忘记。那么，请让采取行动变得简单愉悦些。如何做到这一点？你可以自己给国会议员写一封信："我们，签名者，敦促您反对74321号法案。"然后把一支钢笔和信传递给他人签名，要么得到很多签名，要么失去那支钢笔。

## 【经典摘录】

拿拿破仑的这句名言我希望能用鲜红的大字在全球演讲者集聚的门口上标语："战争是一门艺术，更是一门科学，任何没有被精心谋划和思考的行动都是徒劳的。"

在你演讲的最后一句话中，往往是请求听众买单的时候了。所以一定要告诉你的听众加入、贡献、投票、写信、打电话、购买、抵制、入伍、调查、宣判，任何你想要他们去做的事情。

## 【本节解读】

构筑一场令人难以忘怀的演讲，宛如筑造一座恢宏的建筑，需要清晰的图纸、扎实的基础及坚实耐久的材料。一个没有经过精心准备的演讲者终将在演讲的海洋中迷失自我。演讲不仅是艺术的展现，更是科学的体现，每一步的推进，都需要精心的谋划和深思熟虑。

演讲者需要在一开始就设法吸引听众的注意力，否则接下来的演讲将会像一场无声的独角戏。演讲者可以通过引用令人震撼的统计数据，讲述一段吸引人的故事，或者提出一道引人深思的问题，打破听众的惯常思维，激发他们的好奇心和探索欲望。

进行演讲时，演讲者需要特别重视的问题是避免那些不良关注。由于演讲者独自站在舞台上，任何一举一动、一言一行都会被放大，其中一些不良的举动和行为也会被听众所捕捉。因此，表达清晰、言辞得体、态度诚恳，都能避免在演讲过程中产生不良关注。要了解听众，避免可能会引起他们反感或者混乱的词汇和行为。记住，演讲的目的是传递信息，引发思考，而不是引起争议或者冲突。

支持主要思想，是演讲中至关重要的一环。这一过程中，演讲者有必要可使用各种方式，包括事实、例证、统计数据、引用等，来证实自己的观点，从而让听众深入理解和接受你的观点。每个论点都需要充分的证据来支持，这样才能使得演讲更具说服力。

号召行动是演讲的终点。一个成功的演讲不仅要引发思考，更要引发行动。演讲者需要明确地告诉听众，他们应该如何采取行动，为什么要采取行动，以及采取行动将带来什么样的结果。只有这样，演讲才能真正实现其价值，让人们因为你的话语而采取实际的行动。

# 第三节　学以致用

在我课程的第十四次授课中，我经常高兴地听到学生们讲述如何在日常生活中运用本书中的技巧。销售人员指出销售额增加，经理指出晋升，高管则扩大了控制范围，这些都归功于他们使用有效演讲的工具更加熟练地给出指导和解决问题。

正如理查德·迪勒（N. Richard Diller）在《今日演讲》中所写："谈话，谈话的类型，谈话的量和谈话的氛围……谈话可以成为工业通信系统的真正生命之源。"戴尔·卡耐基有效领导力课程负责人R·弗雷德·卡纳迪在同一杂志中写道："我们对演讲培训感兴趣的一个基本原因是我们认识到每个主管在不同程度上都是教师。从他面试潜在员工的那一刻开始，通过早期入职的指导阶段，或是常规的分配和可能的晋升，主管会不断地被要求与部门中的每个人解释、描述、批评、告知、指导、回顾和讨论无数的主题。"

当我们的交谈从口头交流向更高的阶梯上升，逐渐靠拢公众演讲讨论、决策、问题解决和政策制定会议等领域时，我们将再次看到，本书中所教授的有效演讲技能也可以转移到日常口语活动中。

将要呈现的观点组织、选择推出它的恰当用词、传递时使用的真诚和热情，是确保这个观点在解决的最后阶段得以实现的要素。所有这些要素都在本书中得到了详细讨论。现在，读者需要将所学知识应用于参与的每一个场合中。

你可能正在思考何时开始应用你在之前章节中所学到的技巧。如果我回答说"立刻"，你可能会感到惊讶。即使你没有计划在公共场合演讲，我相信你会发现这本书中的原则和技巧每天都有用武之地。

如果你分析一下你每天所进行的口语交流，会惊讶地发现它与本书中所讨论的正式交流之间的目的非常相似。在前面章节中，我们建议你发表演讲时要记住四个一般目的之一：你可能想提供信息，让他们娱乐，使他们相信你的立场正确，或者说服他们采取某种行动。

在公开演讲中，我们试图保持这些目的的不同，无论是在演讲的内容还是在交流方式上。在日常谈话中，这些目的则是流动的，相互融合的，并在不断变化中。无论是与友好的闲聊，还是利用口才来销售产品，亦或者说服孩子把零花钱存进银行，本书中技巧可以应用于任何日常对话中，它让我们可以有效地传达想法，更高效地推动想法，并以技巧和事实来激励他人。

## 一、我们要在日常交谈中使用具体细节

很多时候，人们在说话时过于笼统和抽象，这样就难以让别人真正理解自己的观点。因此，我们需要使用具体的细节和事例来支持自己的说法，这不仅可以使我们的话更有说服力，也可以让别人更容易地理解和记住我们的观点。例如，如果我们要告诉别人一个好的餐厅，我们不仅可以说"这个餐厅很好"，而是应该具体地描述菜品的

口味、环境的氛围等等，这样别人才能更好地理解我们的意思。

在开始培养日常交谈技巧之前，你必须拥有自信。而本书的前三章几乎所有内容都将有助于让你在非正式的社交团体中自信地与他人交往并表达自己的意见。一旦你渴望在有限的范围内表达自己的想法，你的视野将开始扩展，进而发现自己的生活变得更有意义。

家庭主妇们的兴趣范围难免有些狭窄，因此特别适合将讲话技巧应用于小型谈话团体。"我意识到我的信心让我有勇气在社交场合中说话，"R·D·哈特夫人兴奋地告诉她的同学们，"我开始对时事感兴趣，我不再躲避群体的互动，而是热情地加入了它。不仅如此，我所做的每件事都成了谈话的素材，我发现自己对许多新活动产生了兴趣。"

像哈特夫人的感激信并不在少数，但它能激发学习和应用所学知识的动力，这就像启动一个连锁反应，使整个个性活跃起来，正像哈特夫人一样，只通过实践本书教授的一个原则，就能感到成就感。

虽然我们中很少有人是专业的教师，但我们所有人在许多场合都用语言来告知他人。作为教导孩子的父母，作为解释修剪玫瑰的新方法的邻居，作为游客交换关于最佳路线的想法，我们经常发现自己处于需要清晰、连贯的思维、生动、有力的表达的对话情境中。

## 二、工作中使用有效的演讲技巧

现在我们开始谈论涉及工作的演讲领域。作为销售人员、经理、职员、部门负责人、小组领导、教师、牧师、护士、高管、医生、律师、会计师和工程师，我们都肩负着解释专业知识和提供专业指导的责任。我们用清晰简洁的语言表达这些专业指导的能力，常常是上级评价我们能力的标准。如何迅速思考并巧妙表达是通过演讲的信息传达获得的技能，但这种技能并不仅局限于正式演讲，其实我们每个人每天都可以使用它。今天，商业和专业演讲需要清晰度的需求，在工业、政府和专业组织中的口语沟通课程的最近一波浪潮突显了这一点。

### 三、寻找公开演讲的机会

除了在日常交流中使用本书的原则，你还应该寻找每一个公开演讲的机会。如何做到这一点？加入一个有公开演讲的俱乐部。不要只成为一个旁观者，而要积极参与委员会工作，做那些大多数人都不愿意去做的工作，即成为节目主持人。这将为你提供一个做介绍性的演讲的机会。

在本书的指导下快速准备一个 20 到 30 分钟的演讲，让你的俱乐部或组织知道你已经准备好向他们演讲。许多重要的演讲家都是这样开始的，而其中的一些人已经崇高到了极高的地位。以广播和电视明星萨姆·莱文森为例，他曾是纽约的一名高中教师，演讲只是一个副业，他一开始所讲述的内容也都是他最擅长的东西，包括他的家庭、亲戚、学生和他工作中不同寻常的方面。随着这些演讲引起热烈反响，他很快被邀请到许多组织进行演讲，甚至严重影响到他的教学生涯。不久之后，萨姆·莱文森放弃教师职业，而成为火爆的光电节目明星，全身心在娱乐界发挥他的才华。

### 四、你必须坚持不懈

当我们学习一项新事物时，我们的能力并非逐步提高的，而是会有一些波动，如突然的起步或猛然地停止。然后发现，当我们停滞一段时间后，甚至出现倒退，就连之前取得的进展也一并失去了。这些间歇的停滞或倒退被心理学家称为"学习曲线上的平台期"。

有效演讲的学生有时会被困在这些平台期上，甚至可能停滞数周。不论他们多么努力，似乎都无法从中走出。脆弱的人会绝望地放弃，而那些有毅力的人会坚持不懈。然后发现，仿佛一夜之间，他们突然取得了巨大的突破。他们从平台期中脱颖而出，就像飞机一样升空。

正如本书中其他地方所述，即使是最伟大的音乐家也可能在面对观众的前几分钟感到恐惧、震惊或紧张不安。帕德雷夫斯基在坐下弹钢琴前总是紧张地玩弄自己的袖口，但一旦他开始演奏，所有恐惧就都人间蒸发了。

其实你也一样，只要坚持不懈，你很快就能消除所有的恐惧，包括最初的那种恐惧。

林肯曾收到一个有志于学习法律的年轻人的求助信。林肯回信说："如果你下定决心要成为一名律师，那事情已经完成了一半以上……请记住，你自己的成功决心比任何其他事情都更重要。"林肯深知这一点，因为他经历过一切。他一生中从未接受过超过一年的正规教育，至于书籍，林肯曾说他步行借阅了他家 50 英里内的所有书籍。他的小屋里通常整晚都会点燃一堆木柴火，有时他在篝火的光亮下阅读。木屋的木条之间有裂缝，林肯经常把书塞在那里，天一亮就爬起来，揉揉眼睛，拿出书来阅读。他走了二十、三十英里去听演讲者的演讲，回家后到田野、树林里，或在根特里维尔的琼斯杂货店前聚集的人群中练习演讲。他还加入了新塞勒姆和斯普林菲尔德的文学和辩论社，练习演讲当时的热门话题。他在女人面前很害羞，当他追求玛丽·托德时，他会坐在客厅里，害羞而沉默，无法找到话题，只能听着她讲话。但这就是一个人，通过勤奋的实践和家庭学习，将自己变成了能够与当时最有成就的演说家道格拉斯参加辩论的演讲家。这就是一个人，他在葛底斯堡和第二任总统就职演说中，突破了演讲的最高境界，这在人类历史中都极其罕见。

在白宫总统办公室里挂着一幅亚伯拉罕·林肯的肖像。西奥多·罗斯福说："当我有一些问题要决定，但又牵涉到冲突的权益和利益而无法决定时，我常常会看着林肯的画像，试图想象他处于我的位置，想象他在相同的情况下会做什么。这听起来可能有些奇怪，但我确实就感觉事情变容易了。"

为什么不试试罗斯福的方法呢？如果你感到沮丧，觉得自己无法成为一个更有效的演讲者，为什么不问问自己在这种情况下他会怎么做？你知道他会怎么做。你知道他做了什么。在参议员竞选中被斯蒂芬·道格拉斯击败后，他告诫追随者不要"轻言放弃"。

## 五、不做无用之功

我多么希望你能每天早上将这本书放在早餐桌上，直到你记住威廉·詹姆斯教授的这些话：不管教育的方向是什么，不要让年轻人担心教育的结果。

现在，有了著名的詹姆斯教授作为支撑，我可以放心地说，如果你继续聪明地练习，你一定会梦想成真，成为你所在城市或社区的一位能干的演讲者。无论你现在听起来多么不可思议，事实就是如此。请允许我举个例子：

新泽西州前州长斯托克斯参加了我们在特伦顿举办的一个班级

的闭幕晚宴，结果他说，他以为自己听到的是华盛顿参议院和众议院所进行的演讲呢。更令人难以想象的是，这些演讲者们几个月前还因为害怕面对观众而张口结舌。这些来自新泽西的商人不是未来的西塞罗，他们只是美国随处可见的商人，但他们现在成功了。

我曾经认识和仔细观察了成千上万想要获得自信和公开演讲能力的人。那些成功的人很少具有非凡的才华，大多数情况下，他们都很普通，但他们贵在坚持。比他们更优秀的人也有坚持不下去而放弃的时候；但是那些有毅力和目标的普通人，往往走到了路的尽头，站在了巅峰。

这是人之常情。约翰·洛克菲勒父亲曾说，成功的第一要素是耐心和得知最终的奖励，同样，有效演讲成功的第一要素中也是如此。


几年前的夏天，我试着攀登奥地利阿尔卑斯山的一个峰顶——威尔德凯撒峰。贝德克尔说攀登是困难的，对业余爬山者来说必须有向导，但我和我的朋友都没有向导，于是另外一个人问我们是否有信心成功。

"当然，"我们回答道。

"为什么如此有信心？"他问。

"其他人没有向导也登上了峰顶，"我说，"所以我知道这是合理的，我从来不认为会失败。"

这是任何事情都应该具备的正确心态，无论是演讲还是攀登珠穆朗玛峰。你在演讲前的所思所想很大程度上决定了你的成功。相信你会成功，坚定地相信它，然后你会发现成功就在眼前。

在内战期间，杜邦海军上将为拒绝携带枪炮攻入查尔斯顿港列出了半打合理理由。法拉格特海军上将认真听完了他的陈述后，说："但还有一个理由你没有提到，"

"是什么？"杜邦上将问。

"你不相信你能做到。"

我们班级中的大多数成员从培训中获得的最有价值的东西是对自己的信心增强，对自己取得成功的更多信念。在所有事业中，有什么比这更重要的呢？爱默生曾写道："没有热情，就不可能取得伟大的成就。"这不仅是一个构思精巧的文学用语，更是通向成功的路标。

威廉·利昂·菲尔普斯（William Lyon Phelps）可能是耶鲁大学有史以来最受欢迎、最受爱戴的教授。他在其著作中这样写道："对我来说，教学不仅仅是一门艺术或职业，更是一种激情。我热爱教学，就像画家热爱绘画，歌手热爱唱歌，诗人热爱写作。每天早上起床前，我都会充满热情地想着我的学生们。"

难怪这样一个对工作充满热情、对前方的工作充满激动的老师取得了成功。比利·菲尔普斯因他极大的热爱和激情，而对学生产生了巨大的影响，其中很多人成了杰出的作家、教师和政治家。他们又通过自己的工作和教学，将这样的热情和激情，继续传承下去。

如果你将热情投入演讲学习中，你会发现阻挡你成功的一切障碍都消失了。想象一下，你会因此而拥有自信、决心、沉着，以及能够引起注意、激起情感并说服听众采取行动的能力。你会发现，自我表达的能力也将引领你在生活、工作等其他方面受益匪浅。

在戴尔·卡耐基课程的指导手册中，有这样一句话："当学员们发现自己能够吸引听众的注意力，得到教师的赞扬和班级的掌声时，他们会产生一种内在的力量、勇气和冷静，这是他们以前从未体验过的。结果呢？他们会去尝试和完成以前从未想过的事情，如在人前演讲，积极参与商业、专业和社区活动，并成为领袖。"

在我们的社会中，清晰、有力和有重点的表达是领导力的标志之一。这种表达必须贯穿领导者从私人面谈到公共声明的所有话语。如果恰当地应用本书中的内容，将有助于发展你在家庭、民间组织、公司和政府中的领导力。

## 【经典摘录】

脆弱的人会绝望地放弃，而那些有毅力的人会坚持不懈。然后发现，仿佛一夜之间，他们突然取得了巨大的突破。他们从平台期中脱颖而出，就像飞机一样升空。

那些成功的人很少具有非凡的才华，大多数情况下，他们都很普通，但他们贵在坚持。比他们更优秀的人也有坚持不下去而放弃的时候；但是那些有毅力和目标的普通人，往往走在了路的尽头，站在了巅峰。

## 【本节解读】

卡耐基在本书的最后一节呼吁广大读者将所学知识应用于参与的每一个场合中。任何理论脱离了实践都不过是一纸空谈，因此，大家应该珍惜人生中每一次当众表达的机会，将每一个技巧应用其中，从而提高个人的谈话能力。

大家应学会把握每一次日常交谈的机会。日常交谈，对于演讲者来说，就像是练习的舞台。在这个舞台上，大家可以尽可能地试验各种技巧，观察他人的反应，以此来调整策略。通过反复的实践，便可以提高技巧，增强自信。

工作中也可以找到应用演讲技巧的机会，不论是团队会议、产品介绍、还是公开报告，都可以用这些场合来运用你所学到的这些演讲技巧。通过实际的应用，可以发现自己的不足，然后不断改进。

除此之外，大家还应当寻找公开演讲的机会。公开演讲是演讲技巧的最好考验场，它可以帮助你提高自己的技巧，展示自己的才华。即使一开始会因怯场而影响发挥，但是只有通过不断的尝试，才能克服恐惧，提升自己的能力。

演讲技巧的提高不是一朝一夕的事，它需要持久的耐心和不断努力。大家不能因为一次失败而放弃，应该从失败中学习，变得更强。当然，大家也不可盲目地应用所有的技巧，应根据实际情况选择最适合的那一种，免得做无用功。

卡耐基的演讲技巧不仅能帮助人们提高自身的演讲能力，还能帮助人们在生活中更好地表达自己。

# 附录
## 戴尔·卡耐基其人其事

1888 年 11 月 24 日，在密苏里州玛丽维尔附近的小市镇上，一家破落的小小农场里，诞生了一位新生儿，正是戴尔·卡耐基。

　　农场的经营状况从其外表就能一窥端倪，是的，卡耐基自小家境贫寒，正是长身体的时候，他却总是吃不饱，也穿不暖。儿童时期的卡耐基由于营养不良，身形异常瘦小，显得两只本就与头部不相称的大耳朵更加怪异，以至于成了同学们取笑的对象。

　　卡耐基的小学虽然简陋，有且只有一间教室，却有个浪漫的名字——玫瑰园小学。弱小的经常被人取笑耳朵大的卡耐基却并不是一个听话的小家伙，他因调皮捣蛋，有好几次差点被学校除名。直到有一次，他与班上一个叫怀特的比他年长的男孩子发生争执时，说了相当难听的话而把怀特激怒。怀特发了疯似的向他怒吼："走着瞧，我非把你那两只惹人厌的大耳朵剪下来不可！"卡耐基被彻底吓坏了，一连好几天都不敢入睡，生怕怀特会趁他睡觉时剪掉他的耳朵。

　　很多年后，成名后的卡耐基依然对那个叫怀特的大男孩记忆犹新，于是他总结出了一个人生道理："无论朋友还是同事，抑或是上下级关系，要想与人为善，和睦想处，那就一定不要去揭露别人的伤疤！"这一点领悟对他以后的人生之路十分重要，并指导他写作完成了《How to Win Friends and Influence People》（中译名《人性的弱点》）一书。

卡耐基还写过一本《How to Stop Worrying and Start Living》（中译名《人性的优点》），这是因为他发现了自己与生俱来的忧郁性格，他曾为此十分困扰，一直想弄明白自己为何如此忧虑，并一次次反问，难道要让忧虑伴随我的一生吗？

事实上，卡耐基从孩提时代就展示了他的忧虑。有一天，他在帮母亲摘取樱花种子时，突然有感而发，竟抽泣起来。母亲问他为什么哭得那么伤心，他却回道："我十分担心自己有一天也会像这颗种子一样，被活生生地掩埋在泥土里。"

在儿童卡耐基眼里，值得忧虑的事情比比皆是：雨季里，他会担心自己有一天会被雷劈死；收成不好的年景，他会担心粮食够不够吃；有时候他还会担心自己死后是否会下地狱；到了青春期，他开始为自己的穿着打扮、言行举止担心，怕得不到女孩子们的关注，不能赢得女孩子的芳心。不过，他在书中给予了最终的答案："曾经让我忧虑到死的那些琐事，后来被证明99%都不曾发生过。"

很难想象，一个成长环境如此糟糕，从小营养不良、缺少自信，被各种各样忧虑缠身的男孩，能成长为一个自信、乐观，并帮助和影响了千万人的心理导师。可想而知，在他的人生道路上，究竟经历了多少磨难？

卡耐基长到16岁时，已经成为家里农场的劳动主力，每天清晨，他会骑马进城求学，放学后又策马奔驰赶回家，开始一系列的劳作，挤牛奶、喂猪、修剪树枝等等。但劳作并没有让卡耐基变得强壮，他依然苍白而瘦弱，在学校里他永远穿着一件父亲的不合身破旧夹克，穷酸又潦倒的样子经常被同学取笑。一次，他被数学老师叫上讲台回答问题，结果他刚走上讲台，台下就传来一阵爆笑，原来在他破旧夹克的开线处，插着一朵玫瑰花，上面还附了一张字条："我爱你，泰德·杰克先生！"在英语中，破夹克（Tattered jacket）与泰德·杰克谐音。卡耐基倍受打击，回家后埋怨母亲为什么不给他买一套合适的新衣服。母亲却对他说道："新衣服，今年秋天我一定会给你买的，但你是否应该想想怎样才能在同学们眼里变得令人敬佩呢？"

通过这件小事可以看出，卡耐基的母亲是个生性乐观、明事理的女人，事实上卡耐基受母亲的影响很大。当洪水来临，冲垮了所有的农作物时，父亲只会绝望地抱怨上帝的苛待，而母亲却能十分镇静地哼着歌，重整家园。母亲一直对卡耐基寄予厚望，鼓励他完成学业，将来成为一名受人尊敬的教师或传教士。

在母亲的支持下，卡耐基于1904年高中毕业后，考入了密苏里州华伦斯堡州立师范学院。那年，汹涌的洪水再次淹没了他们家的玉米田，冲走了甘草；养得白白胖胖的猪也因此患上了霍乱，死伤无数。由于负债累累，银行要收回房屋抵押贷款。这险些打垮了卡耐基一家，不得已下，卖掉了所有家产，搬迁到学校附近的乡镇生活。

卡耐基更穷了，当时学院只需支付1美元便可以住宿，但这1美元对卡耐基一家说成了根本负担不起的城市生活费用。为了节省开支，他便骑着马往返学校与家庭。全校600名学生中，只有五六个校友像他一样的付不起住宿费。全额的奖学金也不足以抵扣学费，卡耐基不得不勤工俭学以凑齐学费。卡耐基逐渐因贫穷感到羞愧，因买不起合体的衣服感到耻辱，他的自卑心越来越重，也越来越渴望摆脱这种令人尴尬的窘境。

卡耐基正是在这种情况下痴迷上了当众演讲。那时，学院会定期举办辩论会和演讲大赛，赛中最终的获胜者讲被刊登上当地报纸，成为学院里英雄一样的人物。这对卡耐基来说，无疑是一个名利双收的捷径。

然而，事情就是那么不尽如人意，卡耐基本着越挫越勇的劲头参加了12次演讲比赛，屡战屡败，事实证明上帝并没有赐予他演讲的天赋。三十年后，卡耐基在自己的成人课程上向学员讲述那不堪回首的过往时，调侃道："当时的我就差找出父亲的旧猎枪或什么东西了，我不止一次地想过自杀……我认定自己已无能到了极点……"然而，卡耐基并没有就此一蹶不振，而是奋发图强，迎难而上。

1906年，戴尔·卡耐基终于以一篇《童年的记忆》获得了勒伯第青年演讲家奖。这是他第一次品尝到了成功的喜悦，这份讲稿至今还存在华伦斯堡州立师范学院的校志里。有了第一次的成功经验，卡耐基就像找到了演讲的窍门，开始不断地赢得大学中所有的演讲比赛。他变成了名人，许多同学找他讨教成功之道，奇迹的是，在他的教导下，他们也都赢得了比赛。

时间已经到了1908年，卡耐基依然很穷，但此时的他已经与两年之前进入师范学院时有了天壤之别，他已经开始自信满满地走出学院，借演讲去更广阔的天地收获成功了。之前，他的目标只不过是取得学位然后回到家乡教书。但很快他发现了更广阔的成功之路，班上一个同学在暑期国际函授课程上兼职教学所挣的钱比父亲辛勤一年还要高出好几倍。因此毕业后，他毫不犹豫去往了国际函授学校总部所在地丹佛，成为一名推销员，向内布拉斯加州和怀俄明州的农场主们推销函授课程。

但这条路并不容易，很快他便手头拮据，连火车票都买不起了。他想去往奥马哈市闯一闯，于是只得搭乘货运火车，靠帮人照料车厢的马匹抵消车费。在奥马哈市，他找到一份销售培根、香皂和猪油的工作。他住在狭小的房间里读了很多关于销售的书籍，这让他收获很多。他开始骑着烈马拜访印第安人，跟他们打成一片，并从中找寻推销产品和收款的方法，比如杂货店老板从他那里提走了火腿和培根却拒不付款，他便从杂货店挑选一打鞋子作为抵扣，然后将鞋子卖给沿途的铁路工人。就这样，他靠着这种方法，两年时间大大提高了该区域的销售业绩。卡耐基得到了提拔，却辞去职务，因为他有了一个更为异想天开的理想，成为一名演员。他毅然决然地奔赴纽约，进入美国戏剧艺术学院学习表演。1911年，他在全美巡演的《马戏之花》中扮演哈特利博士，但短暂的学习已经让卡耐基认识到，他并没有表演的天赋，于是他再次回到销售岗位，成为汽车公司的一名销售员。

结果，他对器械类的东西毫无兴趣，即使拼尽全力，他依然觉得力不从心。他突然意识到，目前所做的一切似乎都不是他的理想，他回想起大学时他的梦想是写一部伟大的小说，他认为这才是有意义的生活，而且比赚钱更有价值。于是，他开始白天写书，晚上去夜校教书。大学时演讲的成功经验让他的教学生涯顺风顺水，很快，他说服纽约一个基督教青年会的会长，让他晚上占用青年会的会堂为商界人士开班授课。没想到，这反而成了他踏上成功之路的起点，他的课程迅速蔓延，风靡全美各个城市。他开始在全美进行巡回演讲，足迹除了全美外，甚至遍布欧洲各大城市，他的大名很快无人不知。

卡耐基通过开办成人课积累了十足的教学经验，发现对学员们来说，现有的教材过于教条，实用性很小。于是，他根据自己讲授演讲课程的心得体会和学员的学习经验写的一本名为《 The Quick and Easy Way to Effective Speaking 》（中译名《语言的突破》）

的教科书。后来这本书被基督教青年会、美国银行家协会和美国信贷协会指定为官方教材。

戴尔·卡耐基坚信，只要内心坚定、从容自信，且拥有翻滚不息的想法，任何人都能当众做出优雅而得体的演讲。他认为，当众演讲的先决条件是增强自信，勇敢地突破自我，做自己恐惧的事，并坚定信念，不轻易放弃。在他的成人课堂上，他鼓励每一位学员当众发言，学员们不断地在时间中获得勇气、重拾自信。卡耐基并非墨守成规之人，他开发的成人课程总是富有趣味性。为了参加他的课程，有的学员甚至不远千里赶来上课，每周往返于芝加哥和纽约。卡耐基善于帮助人们开发自身潜力，也正是因此他成为成人教育领域的权威。

尽管如此，卡耐基的人生也并非一帆风顺的，他的第一次婚姻以失败告终。第二任妻子桃乐丝是他的学徒，也是他的事业继承人。桃乐丝十分支持他的事业，并在卡耐基 63 岁时诞下他的独女唐娜·戴尔·卡耐基。1955 年，享年 67 岁的卡耐基去世。